戰勝
思考騙局
COGNITIVE BIAS

讀懂3大學術領域╳60個認知偏誤，破解被操縱的人生

情報文化研究所

（米田紘康、竹村祐亮、石井慶子）／著

高橋昌一郎／監修

王美娟／譯

監修者前言 ——認識「認知偏誤」戰勝「騙局」！

重新從 3 大學術領域介紹「認知偏誤」

我們在 2021 年 4 月，於日本出版了《圖解認知偏誤！避開 99％思考陷阱》（情報文化研究所著，高橋昌一郎監修，繁體中文版由墨刻出版社出版）。

令我們驚訝的是，截至目前為止該書在日本已發行至第 11 刷，總銷量逼近 10 萬冊。沒想到能獲得如此廣大的回響，在此先向關注「認知偏誤」，或對「認知偏誤」感興趣而購書的各位讀者致上最深的謝意。

該書是從「邏輯學」、「認知科學」、「社會心理學」這 3 個學術領域來介紹「認知偏誤」。相當於續作的本書，則嘗試重新從**「行為經濟學」**、**「統計學」、「資訊科學」**這 3 個學術領域來介紹。雖說是續作，但本書完全是由獨立的單元構成，因此就算只讀本書也不會有任何問題。

不過，**若能看完這 2 本書**（無論先讀哪一本都沒關係），**相信讀者應該能夠廣泛掌握 6 大學術領域的「認知偏誤」全貌。**

如同前作的解說，偏誤的英文「bias」原本是指斜裁的布塊，後來衍生出「墊高、偏頗、不正」等意思。像「帶有偏誤」這種經常聽到的說法，就是用來形容「對某個人事物有偏見」。

而**「認知偏誤（cognitive bias）」**一詞，則**被用來泛指偏見、成見、武斷、偏頗的資料、自以為是或誤解等等。**

本書是由情報文化研究所的年輕研究員——米田紘康（行為經濟學）、竹村祐亮（統計學）與石井慶子（資訊科學）所寫，三人都在各自的專業領域大放異彩。

被歸類為「認知偏誤」的用語超過數百個，但當中有不少用語的意思或

用法模糊籠統，甚至有些用語的意思是重複的。經過多次開會討論後，我們從上述 3 大專業領域分別嚴選出 20 個非提不可的主題，總共會介紹 60 個主題。

本書的特色在於，我們不像一般的「百科辭典」那樣按照 ABC 的順序介紹，而是由淺入深地安排各單元的內容，讓讀者能在閱讀過程中感受到樂趣。

本書的適讀對象，是剛進入大學的大一新鮮人。若以本書作為「行為經濟學基礎」、「統計學入門」、「資訊科學概論」這類大學課程的教科書或補充教材，那麼每次上課應該可講解 2 個主題，上完總計 30 堂（上下學期各 15 堂）的課後便能講解完 60 個主題。

當然，不光是大學生，為了讓所有讀者都能輕鬆閱讀，我們花了許多心思規劃本書內容。有別於不易看懂的「學術名稱」及「英文名稱」，各主題的「標題」盡量讓人一看就能大致想像內容。為了避免把範圍拉得太廣，「關聯」欄位只列出關係較深的主題。「參考文獻」則是列出引用的文獻以及推薦的書籍，提供給有興趣進一步學習的讀者參考。

如何避免將自己導往錯誤的方向？

請問各位讀者，你平常會「浪費」嗎？

或許有些讀者會回答：「不，我才不會做那種事。」

現在請你仔細環視自己的居住空間。房間裡的櫥櫃與抽屜、玄關與陽台、衣物收納箱與冰箱裡面……你是否買了不怎麼需要的物品呢？

連包裝都沒拆的旅遊紀念品、被電視廣告打動而購買的瘦身器材、從超市買回來後就放到過期只好丟掉的各種食品……。你是不是被出外旅遊的興奮感、電視購物專家的銷售話術、超市「半價促銷」的便宜價格給沖昏了頭，才會忍不住購買了這些商品呢？

這些理應都是本來不見得有需要的「計畫之外的支出」。現在大家都明白了吧，那些相信「自己絕對沒有浪費」的人，實際上一再做出「浪費錢」的行為，而且這種情況多到數不清。

其實，接下來才是重點。即使被人點出「浪費錢」的事實，大多數的讀者應該也都不怎麼後悔吧。這是因為，人類有著「**後悔規避（regret aversion）**」的傾向，也就是「將自己採取的行動正當化，下意識地避開有可能會覺得後悔的情境」。

人類的這類「認知偏誤」，經常被運用在詐騙與宗教斂財等「騙局」上。

尤其**本書介紹的與「行為經濟學」、「統計學」、「資訊科學」相關的「認知偏誤」，極有可能將各位讀者導往錯誤的方向而「蒙受具體的損失」，因此要特別留意。**

在防止讀者一再浪費、被虛假的統計數據所騙、輕率地相信資訊等這些目標上，本書的內容必定能發揮很大的效果（不過，我們也要反過來拜託各位，千萬別拿來作不良用途）！

衷心期盼本書不只能幫助讀者了解「認知偏誤」，亦有助於豐富各位的人生。最後，希望各位讀者想一想以下 3 個問題。

> - 自己是否迷失在龐大的資訊當中？
> - 平時是否會被謠言或假新聞所騙？
> - 平時是否以邏輯及科學觀點動腦思考？

相信看完本書的讀者，對於上述這 3 個問題應該都能回答「Yes」才對！

2022 年 11 月 15 日

國學院大學教授＆情報文化研究所所長　高橋昌一郎

目次

第 **I** 章 ｜ 從行為經濟學了解
認知偏誤

第 **II** 章　從統計學了解
認知偏誤

第 **III** 章 ｜ 從資訊科學了解
認知偏誤

內文設計	山之口正和＋齋藤友貴（OKIKATA）
插畫・圖版製作	富永三紗子
DTP	FOREST出版編輯部

第 **I** 章

從行為經濟學了解
認知偏誤

「不義之財留不住」、「便宜沒好貨」、
「帳面好看，實則沒錢」、「時間就是金錢」……
世上有許許多多的金玉良言勸戒著
每日為錢煩惱的我們，
儘管如此，我們卻依舊不斷重複地做出
把錢丟進水溝裡的行為。
難不成存在著一隻「看不見的手」，
促使我們浪費金錢，
甚至誘使我們走向毀滅嗎？
第 I 章就來探究這個謎團。

先要人講10次「鼠老」，再問貓怕什麼，對方就會回答「老鼠」的戲法。

錨定效應
Anchoring

| 意 思 | 利用某個刺激引出特定資訊，將人導向某個答案。 |

| 關 聯 | 框架效應（→第54頁）、可得性捷思法（→第178頁） |

將思考固定在某一點上的錨

各位是否曾在數學課或雜學書籍上看過以下的題目？

將 0.1 公釐的紙折成 100 折後，厚度會變成多少？

這是數學指數運算（重複進行相同的乘法運算）的代表題目。折成 1 折的厚度是 0.1 公釐 ×2 ＝ 0.2 公釐；折成 2 折的話就是 2 倍，即 0.1 公釐 ×2×2 ＝ 0.1 公釐 ×2^2 ＝ 0.4 公釐。所以，折成 100 折的厚度就是 0.1 公釐 ×2^{100}。若省略計算過程只看結果，答案就是 $1.27×10^{23}$ 公里。各位或許一時之間無法想像這個數字有多大，簡單來說這個答案的後面有 23 個 0。順帶一提，1 億公里的話後面有 8 個 0，而地球與太陽之間的距離大約是 1.5 億公里。

各位是否想像得到答案有這麼厚呢？想必有些人的注意力放在 0.1 公釐

上，以為就算折成 100 折厚度頂多只有幾十公分而已。像這種**非本質的資訊或無意義的資訊影響到判斷的效應**，稱為**錨定效應**（或定錨效應）。即是認為資訊就像船錨（anchor），將思考固定在某一點上。

答案會隨著問題的順序而改變

為了讓各位了解錨定效應，我們來看看以下的實驗吧。這項實驗將受測者分成 2 組，要求他們迅速計算以下 2 道題目。

① $1 \times 2 \times 3 \times 4 \times 5 \times 6 \times 7 \times 8 =$
② $8 \times 7 \times 6 \times 5 \times 4 \times 3 \times 2 \times 1 =$

各位應該都發現了，這 2 個算式只有數字的排列順序不同，答案是一樣的。計算之後，兩者的結果當然都是「40320」。

但是，受測者的答案卻不是如此。受測者給出的答案平均值，①是「512」，②是「2250」。會有這種結果可以認為是因為，如果一開始看到的數值是大的，就會覺得自己在計算大數字的乘法。

接著來看，詢問受測者以下問題的實驗。

Q1　你幸福嗎？
Q2　你最近有過幾次約會？

從結論來說，Q1 與 Q2 之間的相關性很低（相關係數 0.11），就算 Q1 的幸福度很高，也不代表約會次數就一定很多。但是，題目的順序若顛倒過來，相關性就會變高（相關係數 0.62）。照理說，一個人幸不幸福，並非只取決於有無約會，但近期的約會頻率卻影響了回答。這種情況可解釋為，受測者是先回想自己有無約會，再參考前者來評估自己的幸福度。

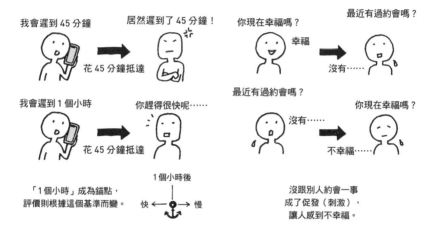

錨定效應的例子

我會遲到 45 分鐘　花 45 分鐘抵達　居然遲到了 45 分鐘！

我會遲到 1 個小時　花 45 分鐘抵達　你趕得很快呢……

「1 個小時」成為錨點，評價則根據這個基準而變。

1 個小時後　快←→慢

促發效應的例子

你現在幸福嗎？　幸福　最近有過約會嗎？　沒有……

最近有過約會嗎？　沒有……　你現在幸福嗎？　不幸福……

沒跟別人約會一事成了促發（刺激），讓人感到不幸福。

什麼是引出資訊的刺激？

為什麼會發生前述的錨定效應呢？

其中一個原因是尋找答案時並未做好充分的調整，乘法的例子就屬於這種情況。**當我們無法有自信地回答時，就會試圖以一開始獲得的、看似符合條件的資訊或數值為起點（頭緒）去找出答案。**而這個起點正是錨點。

另一個原因則是像約會的題目那樣，**利用暗示賦予錨點某種意義**。令人聯想到那個意義的刺激稱為**促發（priming）**。以英語圈為例，只要腦子裡有「洗」這個單字或印象，看到「SO□P」時就會在空格內填入 A，拼出 SO Ⓐ P（肥皂）這個單字。如果是以「吃」為促發，則會拼成 SO Ⓤ P（湯）。雖然是非常單純的機制，不過只要利用某個刺激就很容易讓人想到特定資訊。

問法這一框架（frame）會影響回答，故這也可算是一種框架效應吧。

幫助我們防止浪費的相反錨點

可在商店門口或廣告上看到的「今日限定」、「建議零售價」、「概算估價」等字眼，也是引發錨定效應的要素。在日本，標示不得違反贈品標示

法，但賣家依然想方設法強調「買到賺到」來吸引顧客。

　　要避免自己亂買東西，我們能夠採用的第一個對策就是：自行思考這些錨點哪裡不適當。但是，錨定效應會使我們正當化自己的決策，因此難度很高。

　　另一個對策有點極端，就是自行設定相反的錨點。

　　舉例來說，正常售價為 2 萬元的東西，若是特價 1 萬元就會覺得非常便宜而忍不住購買，故我們可以試著將正常售價設定為 7000 元。假如這個商品因為缺貨等因素而賣 1 萬元，自己會買嗎？如果還是決定要買，就代表這個商品或許值得自己花 1 萬元購買。反之，如果很猶豫，就應該重新考慮是否有必要購買。

參考文獻

Daniel Kahneman, "Thinking, Fast and Slow", 2011.〔繁體中文版：丹尼爾．康納曼（洪蘭譯）《快思慢想》天下文化。〕

Matteo Motterlini, "Trappole Mentali: Come Difendersi Dalle Proprie Illusioni E Dagli Inganni Altrui", 2008.

Richard Thaler, Cass Sunstein, "Nudge: Improving Decisions About Health, Wealth, and Happiness", Penguin Books, 2009.〔繁體中文版：理查．塞勒、凱斯．桑思坦（張美惠譯）《推出你的影響力：每個人都可以影響別人、改善決策，做人生的選擇設計師》時報出版。〕

高橋昌一郎《感性の限界》講談社（講談社現代新書），2012年。

你有辦法放棄先前投入的金錢、時間與努力嗎？

沉沒成本謬誤
Sunk Cost Fallacy

意　思	想回收已投入但無法回收的成本，因而做出不理性的判斷。
關　聯	過度自信（→第26頁）

吃到飽還考慮ＣＰ值是愚蠢的

在吃到飽餐廳，無論是完全沒吃還是吃一大堆食物，要支付的費用都是一樣的。由於費用是固定的，顧客可以放心地盡情享用自己愛吃的食物，吃到滿意為止。這是吃到飽本來的樂趣。

不過，有些人去吃到飽餐廳用餐後卻感到後悔。原因在於，他們本來想吃到回本或是吃得更多，卻因為某個緣故而無法達成目標。其實只要依自己的喜好決定要吃的食物就好，但最近似乎也有人是根據食材的成本高低來做選擇。

沉沒成本謬誤就如同這個例子，是指<u>過於執著付了就要不回來的費用，因而無法做出理性的判斷</u>。

影響決策的沉沒成本

沉沒成本是指，已經支付且拿不回來的費用。這裡說的「拿不回來的費

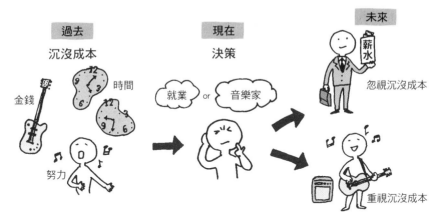

沉沒成本令人為決策煩惱

過去　　　　　**現在**　　　　　**未來**

沉沒成本　　　　決策

金錢　　時間

努力

就業 or 音樂家

薪水

忽視沉沒成本

重視沉沒成本

用」，嚴格來說是指無法輕易退款、改用、出售的東西，不過一般多指已經支付的費用。

　　以商業來說，研發費用、為了進軍新領域所花的調查費用、店面租金與水電瓦斯的基本費用等固定成本都是沉沒成本。至於個人的沉沒成本，具代表性的例子就是健身房的年費與以前購買的昂貴服飾等。

　　不過**經濟學認為，這類沉沒成本不該當作未來決策的判斷依據**。這是為什麼呢？

　　這裡就以午餐時間沒什麼客人卻依然開門營業的餐廳為例，簡單地想一想原因吧。

　　無論有沒有開門營業、無論來客數有多少，餐廳都要支付店面租金與水電瓦斯的這類基本費用。由於這些固定成本無論如何都不會退錢，故屬於沉沒成本。因此就算來客數少，如果營業額足以回收食材費與服務相關費用（例如計時人員的薪水），當然還是開門營業比較好。反之，如果預估來客數不足以支付食材的費用與計時人員的薪水，那就掛上「準備中」的牌子暫時休息。

　　也就是說，無論是否開門營業都一定要負擔沉沒成本，所以不能把沉沒

成本當作判斷的依據。因此，我們應該忽視沉沒成本，以其他要素來判斷得失。

這就類似煩惱要購買哪一款筆記型電腦時，如果重量全都相同，品牌、設計、功能性等其他要素就會變成決定因素。雖然重視什麼要素是消費者的喜好，不過這時重量已經不會影響我們的選擇了。

把退出、中止、變更、解約納入選項

但是，現實中經常發生，想要回收之前投入的費用，最後做出不理性判斷的情況。

例如，投入鉅額研發費用的超音速客機協和號（Concorde），以及造成許多人犧牲的越戰、阿富汗衝突等等。尤其後者的戰爭，常以「不讓士兵的犧牲白費」為由持續把部隊送到戰地，導致戰爭陷入泥沼。我們從這樣的言論就能夠看出，領導者的注意力放在之前投入但無法回收的戰爭費用與犧牲上。

再舉幾個更貼近我們生活的例子，除了前述的吃到飽餐廳心態外，還有花錢進電影院看電影，但看到一半覺得內容無聊時，你會不會選擇中途離場去做其他更有趣的事？以前高價取得的高爾夫會員證現在價值暴跌，但你是不是仍為了回本而每年繳幾萬元的會費去打球呢？你是不是為了回收知名量販店好市多（Costco）或 Amazon Prime 的年費，而將購物的理由正當化呢？

若以經濟學觀點來看，正確的做法應該是覺得電影不好看就立刻離場、賣掉高爾夫會員證、不要勉強自己買東西。買到不好看的書時也一樣，最好立刻將它扔掉。

不要考慮回收拿不回來的費用，**應該把退出、中止、變更、解約等選項納入考量，採取有利的做法**。

向超市的半價貼紙學習

發生沉沒成本謬誤的原因有好幾個。

例如，不想承認損失或失敗、對今後的發展很樂觀或並未深入思考等慣性。但是，要避免這種情況發生卻很困難。因為，就連官員與一流企業都擺脫不了這個魔咒。

因此這裡提供一項建議：希望各位向超市打烊前的生鮮食品特賣或熟食小菜特賣學習。

從店家的角度來看，買進食材時就已經投入沉沒成本。食材一旦經過烹調或加工就不能退貨，故賣不完時就確定會損失了。因此，與其維持定價卻賣不完，超市寧可選擇以超低價格出清，不執著於沉沒成本。換言之，就是放棄回收進貨成本，努力回收一部分的加工費用。

參考文獻

Olivier Sibony, "You're About to Make a Terrible Mistake: How Biases Distort Decision-Making and What You Can Do to Fight Them", Little, Brown Spark, 2020.〔繁體中文版；奧利維・席波尼（周宜芳譯）《不當決策：行為經濟學大師教你避開人性偏誤》天下文化。〕

Richard Thaler, "Misbehaving: The Making of Behavioural Economics", W. W. Norton & Company, 2015.〔繁體中文版：理查・塞勒（劉怡女譯）《不當行為：行為經濟學之父教你更聰明的思考、理財、看世界》先覺。〕

大竹文雄《行動経済学の使い方》岩波書店（岩波新書），2019年。〔繁體中文版：陳正芬譯《如何活用行為經濟學：解讀人性，運用推力，引導人們做出更好的行為，設計出更有效的政策》經濟新潮社。〕

善於運用信用卡的人與不善於運用的人
差別就在這裡!?

心理帳戶
Mental Accounting

意　思	雖然最終支出不變，但是會在心中按照目的、主題分配預算。
關　聯	框架效應（→第54頁）

你是出於什麼目的而在心中分配預算呢？

在過往以現金支付為主的時代，大多數的家庭都是依照用途（例如才藝班學費、瓦斯費、儲蓄等）將生活費分別放進不同的信封裡，以這種方式管理家計。現在多了帳戶扣款、信用卡與電子錢包等支付方式，因此使用這種生活費管理法的人變少了吧。

不過，公司之類的組織，仍跟從前的人管理生活費的方式一樣，是依照部門或使用目的來設定預算。至於原因，各位可以想像一下，如果整個組織共用一個錢包會怎麼樣？

要是特定部門一開始就花了一大筆支出，其他部門可就傷腦筋了。此外也會發生，各部門互相顧慮，無法自由地執行預算這種情況吧。因此，公司才要事先將預算進行一定程度的細分，之後只要在預算內且符合目的，就能夠迅速動用那筆錢。

不過，這種做法也有一個問題，那就是各部門的預算不易互相流用。金

錢具有可替代性，例如拿來支付租借複合機的費用，可以當成薪水發放，當然也可以拿來買東西。但是，前述的做法忽視了金錢的可替代性，將預算設定得清清楚楚，因而難以互相流用。

其實我們也會**在心裡將預算分配清楚**，這種現象稱為**心理帳戶**。

心理帳戶概念圖

腦中的分類

月薪

你會怎麼做？再買一次，還是不買？

有項實驗證明了心理帳戶的存在，我們來看看以下 2 道題目與實驗結果。

Q1　你決定去看某部電影。買了預售票（10 美元）的你，在入口發現票不見了。請問你當天會重新買一張電影票嗎？

Q2　你決定去看某部電影。當天購買一張電影票是 10 美元。當你在售票櫃檯準備付錢時，發現錢包裡的現金少了 10 美元。請問你還是會買電影票嗎？

Q1 有 46％的人回答「會再買一張」，至於 Q2 則有 88％的人回答「還是會買」。兩者同樣都是支出 20 美元，但回答卻相當不同。若要探究其中的差異，就不能不提心裡的家計簿──心理帳戶。

Q1 是已經花了 10 美元買預售票，結果又得再買一張。換言之，看一部電影要花 2 倍的錢。

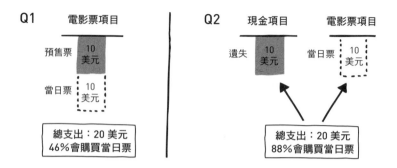

Q2 的總支出同樣是 20 美元，但細目與 Q1 不同，Q2 是現金與電影票各支出 10 美元。也就是說，他是從個別的預算項目減少 10 美元。因此，雖然事實上一樣是花 20 美元看電影，但在心裡的帳簿裡買電影票只花了 10 美元。照理說，綜合來看支出是一樣的，但實際上我們會按照主題、項目來判斷。

再介紹一項可看出我們並不只以總金額來做判斷的實驗。Q3 與 Q4 是詢問受測者，聽完店員的建議後會採取何種行動。請各位在閱讀的同時，想一想自己會怎麼做。

Q3　假設你考慮購買 125 美元的外套與 15 美元的計算機。這時店員說：「距離這裡約 20 分鐘車程的另一家店計算機只賣 10 美元。」請問你會去另一家店購買嗎？

Q4　假設你考慮購買 125 美元的計算機與 15 美元的外套。這時店員說：「距離這裡約 20 分鐘車程的另一家店計算機只賣 120 美元。」請問你會去另一家店購買嗎？

令人在意的實驗結果是：Q3 有 68％的人回答「會去另一家店購買」，反觀 Q4 只有 29％。如果去另一家店購買，兩者的總支出都是從 140 美元降低為 135 美元，不過各位應該看得出來，影響回答的不是總金額，而是其他因素。

這 2 道題目的差別在於，前者的計算機是從 15 美元變成 10 美元，後

者是從 125 美元變成 120 美元。這意謂著，能用 10 美元買到 15 美元的計算機會很開心，但 125 美元的計算機就算降價成 120 美元也不怎麼令人開心。綜合來看兩者都可以減少 5 美元的支出，但受測者卻是根據商品的降價幅度來做判斷。

利 用 心 理 帳 戶 幫 助 自 己 儲 蓄

希望各位別急著認為人類很「愚蠢」，不懂得綜合判斷。**其實我們也可以反過來利用這種各別判斷的偏誤，幫助自己儲蓄。**

綜合來看，購買必需品後剩下的錢就是儲蓄金。但是，我們有可能自己找理由把錢花掉，或是拿來支付意外的花費。因此，將儲蓄金放在觸手可及之處，或跟生活費存在同一個戶頭裡管理是很危險的。這種時候，定期扣款儲蓄是很有效的對策。雖然有困難時還是能用金融卡將錢領出來，不過明確地將儲蓄金區分開來，可使我們意識到這是「不能輕易花光的項目」，如此一來就能夠降低儲蓄失敗的可能性。

從行為經濟學

從統計學

從資訊科學

參考文獻

Daniel Kahneman, "Thinking, Fast and Slow", 2011.〔繁體中文版：丹尼爾・康納曼（洪蘭譯）《快思慢想》天下文化。〕

Richard Thaler, "Misbehaving: The Making of Behavioural Economics", W. W. Norton & Company, 2015.〔繁體中文版：理查・塞勒（劉怡女譯）《不當行為：行為經濟學之父教你更聰明的思考、理財、看世界》先覺。〕

川西論《知識ゼロからの行動経済学入門》幻冬舍，2016年。

竹村和久《経済心理学：行動経済学の心理的基礎（心理学の世界 専門編）》培風館，2015年。

過度自信固然容易判斷錯誤，但要開創
新事業可能也需要這種態度。

04

過度自信
Overconfidence

意 思	沒有明確的根據，卻對自己的判斷或決定很有信心。

關 聯	

認為「自己沒有過度自信」的人其實是……

世上有一種人，**自己分明沒有根據、不確定能不能成功，卻告訴別人「沒問題」，非常積極地推動事物**。這種人固然在某方面算是可靠，卻同時也讓人覺得危險。看在三思而後行的人眼裡，他們應該不會想要跟隨這樣的人。

你在周遭人的眼中，是否也是屬於這樣的人呢？假如你覺得「不，我不是這種類型的人，所以肯定沒問題」，說不定你還真是個有**過度自信**傾向的人。

請問你是否曾與某個人發誓永遠相愛呢？根據日本厚生勞動省於 2022年公布的調查結果，2020 年的離婚件數中大約有 3 成是同住 5 年以內的夫妻。雖然很難判斷這個比率是高是低，但至少可以確定的是，當事人在發誓永遠相愛時根本沒料想到日後會離婚吧。

大約一半的研究者都是過度自信！？

顯示大多數人都陷入過度自信的資料不勝枚舉，這裡就介紹幾個透過調查或實驗證明這項事實的案例吧。

首先，有項調查顯示，88％的美國人認為自己的駕駛技術可排在前50％（Svenson, 1981）。另一項調查則顯示，學習經營管理學的商學院學生當中，有95％的人認為自己的成績落在前50％（Moore & Healy, 2008）。這些調查結果，不管怎麼想都不合理。因為，第 1 項調查的結果，相當於 100 人當中有 88 人認為自己排名前 50 名，第 2 項調查則有 95 人這麼認為，但這些人不可能全都擠進前 50 名。

不過研究者也沒資格說別人（Thaler & Sunstein, 2008）。有位教授詢問自己的研究員同事：「你認為自己的能力排在前50％嗎？」結果有94％的人回答「是」。由此看來，**許多人都有深信自己很優秀的傾向**。

有個研究「過度精確（overprecision）」的實驗，常被當作過度自信的例子來介紹。該實驗提出 10 道題目，要求受測者必須答對 9 題。題目都是如尼羅河的長度或莫札特的出生年份這類以數字作答的題型。作答時可回答一個範圍，不必回答精確的數字。舉例來說，如果是問尼羅河的全長，作答時

關於「過度精確」的題目範例　你能答對幾題？

Q 1　披頭四一共錄製了幾首歌？〈A：304 首〉

Q 2　聖母峰有多高？〈A：8848 公尺〉

Q 3　聖經（舊約與新約）總共幾卷？〈A：66 卷〉

Q 4　慕尼黑到紐約的飛行距離是多少？〈A：6483 公里〉

Q 5　尼羅河有多長？〈A：6650 公里〉

Q 6　日本是由幾座島嶼組成？〈A：6852 座〉

Q 7　喬治‧W‧布希是第幾任美國總統？〈A：第 43 任〉

Q 8　愛因斯坦活到幾歲？〈A：76 歲〉

Q 9　俄羅斯女皇凱薩琳二世有幾位情夫？〈A：22 位〉

Q 10　人類出生時，身體有幾塊骨頭？〈A：270 塊〉

參考：Christopher Weilage, "I Rocked It the Last Ten Times, and I'll Rock It Again, Because I Simply Rock!", Munish Business School insights.

可以寫成「3000～4000公里」（正確答案是6650公里）。如果是問莫札特的出生年份，只要寫「0～2022年」就一定會答對（正確答案是1756年）。題目有好幾種版本，受測者答對的題數則落在3～6題。從這項實驗可知，只要作答時將範圍拉大就能答對9題，但人通常過度相信自己的知識，所以會主動縮小範圍。

有自信的人半數都會失敗

當然，我們都知道，商業界與金融界也有不少人過度相信自己的能力。

據說美國的新創企業存活超過5年的機率約35％，但是詢問創業家其公司的成功率有多少，卻有81％的人回答成功率超過70％，甚至還有33％的人誇張地說成功率100％。由此可見，**有自信的人半數都沒發現自己會失敗**。

過度自信本來就容易發生在，不易預測且無法立刻知道結果的情況（Einhorn, 1980）。就這點而言，股市是很好的研究材料。觀察從電話下單轉變成網路下單時投資者的行動可以發現，電話下單時代運用成績優異的投資者，改用網路下單後成績就變差了。原因是這些人接觸到龐大的投資資訊後，產生了「自己是專業投資者」的錯覺而大膽下單，此外手續費變便宜，也使他們的下單次數增加。

將毫無根據的自信變成確信

過度自信未必是壞事。

舉例來說，**新創企業能夠開拓無人挑戰過的範疇或領域，可以說是過度自信帶來的成果**。

只要不超出可自負責任的範圍，帶著毫無根據的自信勇往直前，在漫長人生當中有時也是必要的吧。因為自己說不定能夠獲得意想不到的碩大果實，就算失敗也能化為成長的養分。

那麼，身為公司或社會的一分子，我們該如何行動才好呢？即使身在團體當中，自己能夠控制的事仍舊可以有少許的過度自信。因為以組織的角度

容許過度自信的情況	過度自信會很危險的情況
重點 自己可以控制的東西	自己無法控制的東西
例子 業績目標、制定企劃	未來的利率、匯率、經濟狀況、競爭企業的動向
⬇ 有助於釐清目標、提振士氣、開拓新事業等。	⬇ 需要盡可能中立地判斷以及準備數種劇本。

來看，這也有助於釐清目標以及提振士氣。

至於自己不能控制的事，只能盡量以中立的觀點去判斷吧。像匯率、利率、競爭企業的動向等就需要中立的假設或數種劇本。持續採取這樣的行動，應該就能將「毫無根據的自信」變成「堅定的自信」。

參考文獻

Max Bazerman and Don Moore, "Judgement in Managerial Decision Making", John Wiley and Sons, 2002.〔繁體中文版：麥斯·貝澤曼、唐·摩爾（洪士美譯）《精準決策：哈佛商學院教你繞開大腦的偏誤，不出錯的做出好判斷》樂金文化。〕

Hillel Einhorn, "Overconfidence in Judgment", New Directions for Methodology of Social and Behavioral Science, 1-16, 1980.

Daniel Kahneman, "Thinking, Fast and Slow", 2011.〔繁體中文版：丹尼爾·康納曼（洪蘭譯）《快思慢想》天下文化。〕

Don Moore and Paul Healy, "The Trouble with Overconfidence", Psychological Review, 115, 502-517, 2008.

Ola Svenson, "Are We All Less Risky and More Skillful Than Our Fellow Drivers?", Acta Psychologica, 47, 143-148, February 1981.

Richard Thaler, Cass Sunstein, "Nudge: Improving Decisions About Health, Wealth, and Happiness", Penguin Books, 2009.〔繁體中文版：理查·塞勒、凱斯·桑思坦（張美惠譯）《推出你的影響力：每個人都可以影響別人、改善決策，做人生的選擇設計師》時報出版。〕

Olivier Sibony, "You're About to Make a Terrible Mistake: How Biases Distort Decision-Making and What You Can Do to Fight Them", Little, Brown Spark, 2020.〔繁體中文版：奧利維·席波尼（周宜芳譯）《不當決策：行為經濟學大師教你避開人性偏誤》天下文化。〕

行為經濟學
偏誤

05

強勁的競爭對手與他人的視線能使自己
變得更好。

同儕效應
Peer Effect

意　思	夥伴或同事的存在會影響成績或生產力。

關　聯	觀察者效應（→第250頁）

他人的「目光」能提升我們的表現

　　學校或職場裡有成績優異的人，也有做不出成果的人。請問你會受到哪
一種人的影響呢？想像一下你跟能幹的人在同一個職場裡的情況。你會把工
作交給能幹的人，讓自己落個輕鬆嗎？還是會更加努力，不讓自己輸給對方
呢？

　　夥伴或同事的工作態度與表現（成果）帶給他人影響的現象，稱為**同儕
效應**。對講求有效運用有限人才的企業而言，這是非常重要的問題。

　　這裡就來介紹一項於美國超市收銀台進行的實驗，看看他人的表現如何
影響自己（Mas & Moretti, 2009）。

　　收銀台是朝同一個方向排成一列，因此收銀員 A 的前方看得到同事 B
的背影。同事 B 的工作速度很快，收銀員 A 可清楚看到他迅速地幫顧客結
帳的情形。這時，收銀員 A 會被同事 B 的工作表現影響而加快工作速度
嗎？

「被看」比「看」更能改變表現

手腳很快的
同事 C 視線的影響：強   收銀員 A   視線的影響：弱   手腳很快的
同事 B

受到背後同事 C 的影響，表現會變好。不過，這只有在已知同事 C 很優秀時才有效。

不會受到眼前同事 B 的表現影響。

　　很遺憾，收銀員 A 的工作品質不會改變。對收銀員 A 的工作表現有影響的人，不是位在「眼前」的同事 B，反而是位在「背後」的能幹同事 C。這個現象可以認為是**「被能幹的人看著」的壓力提高了努力水準**。

　　若要獲得這種效果，必須事先知道自己的背後有位能幹的同事。否則即便優秀的同事就站在自己的背後，自己沒注意到的話依然沒有效果。研究結果指出，當同事多完成 10% 的工作時，其他員工的效率估計能提高 1.5% 左右。

▌運動不需要競爭對手！？

　　前述的實驗證明，能幹同事的存在可提升自己的表現，同樣的現象似乎也會發生在運動上。強勁的競爭對手是使自己變得更好的起爆劑這一點，也是所有熱血運動漫畫的基本公式。

　　那麼，我們來參考一下，以日本小學生至高中生 100 公尺自由式的資料驗證同儕效應的實驗吧（Yamane & Hayashi, 2015）。

　　游自由式時，如果隔壁水道的人游得比自己慢，自己就會游得比兩側都沒人時還快。但是，如果隔壁水道的人游得比自己快，自己就會游得比較慢。推測這是因為賽前就能得知選手資訊，故當事人才會認為不可以輸給游得比自己慢的選手。

仰式

看不見旁人的仰式
觀察不到同儕效應。

自由式

如果旁邊的人游得比自己慢,自己就會游得快。
反之,旁邊的人游得比自己快,自己就會游得慢。

實力相當的競爭對手有必要存在嗎!?

　　順帶一提,這項實驗也觀察了看不見隔壁水道的仰式,但這時卻看不到同儕效應。

　　為什麼在收銀員的實驗中人會受到能幹同事的影響,但運動卻不是如此,反而是受到表現比自己差的人影響呢?雖然同儕效應還有許多部分尚未釐清,不過施加壓力的方式或感到壓力的狀況,或許是造成這種差異的影響因素。

企業運動隊會對員工帶來影響嗎?

　　在前述收銀員的實驗與競技游泳的研究中,造成影響的人與受到影響的人距離非常近。那麼接著來看看,像企業運動隊的選手那樣,每天與一般員工一起工作幾個小時,下班後就專心做訓練的人給職場帶來的影響。

　　企業對企業運動隊的期待,有增進員工健康、廣告效果、CSR(企業社會責任)以及提高員工的歸屬感等等,這裡要請各位把焦點放在提高歸屬感上。

　　任職於同一間公司的選手或隊伍若在比賽中表現亮眼,會使員工之間產生一體感,提高員工的工作熱情?

　　有項研究針對致力推動企業運動的汽車製造商員工進行問卷調查。這項

調查是請一般員工評分（滿分 5 分），看看該企業重點培養的棒球隊、橄欖球隊、路跑接力隊的比賽結果是否會給工作熱情帶來變化。結果發現，隊伍獲勝時，員工會很開心，工作熱情也會增加。反之隊伍落敗時，員工不會生氣，工作熱情也不會降低。此外若員工的年紀較大，獲勝時增加工作熱情的機率會提高 0.7%。這種情況可以認為是因為，年紀大的員工有可能在這裡工作多年，所以對公司的歸屬感才會提高。

那麼，如果只看跟選手同個部門的員工，隊伍的表現能帶來更大的成效嗎？調查顯示，選手在比賽中獲勝時，「熱情會增加」的機率提高 10%以上（橄欖球約 14%，棒球約 17%，路跑接力賽約 11%）。就算比賽輸了，員工的熱情也看不到下降的情況。從「就算輸了仍表現出寬容的態度」這點來看，可以認為**引起員工共鳴的並非輸贏，而是選手努力的身影**。

雖然也有看法認為個人的成果是個人創造出來的，但像公司這樣的組織，仍然需要由整個團隊來做出成果。同儕效應可期待同事的努力身影影響到其他員工，在思考組織管理或提升生產力等方面，今後將會愈來愈受到矚目。

參考文獻

Alexandre Mas and Enrico Moretti, "Peers at Work", American Economic Review: 99, 112-145, 2009.

Shoko Yamane and Ryohei Hayashi, "Peer Effects among Swimmers", Scandinavian Journal of Economics: 117, 1230-1255, 2015.

大竹文雄《行動経済学の使い方》岩波書店（岩波新書），2019年。〔繁體中文版：陳正芬譯《如何活用行為經濟學：解讀人性，運用推力，引導人們做出更好的行為，設計出更有效的政策》經濟新潮社。〕

大竹文雄《あなたを変える行動経済学：よりよい意思決定・行動をめざして》東京書籍，2022年。

佐々木勝《経済学者が語るスポーツの力》有斐閣，2021年。

上司的酸言酸語……放馬後炮當然簡單啊。

後見之明偏誤
Hindsight Bias

意 思	得知結果後，覺得自己早就知道會這樣，或是修正當初的想法。
關 聯	錨定效應（→第14頁）、過度自信（→第26頁）

｜「我就知道那個人遲早會○○」

得到期待的結果時，有些人會覺得「我一直都很相信你」、「就跟我說的一樣」等等；反之期待落空時，有些人會批評「所以我不就說沒辦法嗎」、「當時難道沒有其他適任的人選嗎」等等。

像這種**在得知結果後，你或他人（例如組織裡的上司）修正自身想法的現象**，稱為**後見之明偏誤**。

也許有些人會覺得「不，我才不會做那種事」，但這是一種相當強大的偏誤，最好別小看它。

以觀看運動賽事為例，你是否曾在自己看好的選手上場時，滿懷期待想著「拜託了，我相信這位選手一定會有好表現」，但看到結果不理想後，就馬上改變態度抱怨「這位選手老是在關鍵時刻失敗」呢？這種反應真是現實啊。

最過分的例子是，當記者採訪凶嫌的鄰居或相關人士時，有些受訪者會

常見的後見之明偏誤

如果是你
絕對辦得到！

大會報告，
更換選手。

所以我才叫你
別上場啊！

HOME AWAY
1 TIME 2
00:00

比賽結束

說：「我就知道那個人遲早會○○。」可以的話，真希望你能在案件發生前就警告大家。

如同以上的例子，多數人在得知結果後，都會當事後諸葛胡亂批評。

▎對後見之明偏誤造成影響的錨定效應

大部分的人是不是都以為，自己是能夠預知未來的預言家呢？看了有關後見之明偏誤的實驗結果後，真的會讓人忍不住這麼覺得。

有項實驗請 46 位受測者，預測推理作家阿嘉莎‧克莉絲蒂（Agatha Christie）的作品數量。結果，受測者的答案平均值為 51 部作品。之後，實驗者告訴他們正確答案是 66 部，並請他們回想自己當時的答案，結果他們的答案平均值上升到 63 部。也就是說，他們把當初回答的數字拉高到接近正確答案的數字。

在正值東西冷戰、美中關係惡化的 1972 年，理查‧尼克森（Richard Nixon）成為首位訪問中國的美國總統而備受矚目。當時有人在尼克森訪中前進行一項實驗，實驗者準備了 15 項可能會在此次外交交涉上發生的事件，請受測者回答各項事件的發生機率。美中會談結束後，再請受測者回想自己預測的機率，結果新聞有報導的事件受測者回答的機率偏高，至於沒發

生的事件回答的機率則偏低。

這種後見之明偏誤，可用錨定效應來說明。

錨定效應是一種讓自己的預測，接近與答案完全無關的數字等資訊的偏誤，至於後見之明偏誤，則是讓想法接近正確答案或獲得的資訊。雖然作為起點的資訊完全相反，不過各位應該看得出來兩者的機制本身是相同的吧。

後見之明偏誤造成的遺憾現實

後見之明偏誤的問題在於，向過去學習的態度或能力會變差。從結果推測原因，或是將兩者連結在一起，乍看是很正確的嘗試，而且以「向歷史學習」這個觀點來看，這麼做確實有效。不過，我們也必須要了解這種做法的危險性。

2001 年 9 月 11 日，美國發生了九一一恐怖攻擊事件。其實不光是這起九一一事件，美國的情報機關平時就會蒐集、分析許多資訊。然而，九一一事件發生之後，有報導指出「阿拉伯裔犯人在犯案的幾個月前，曾接受飛機操作訓練」，聽起來就好似事前早已出現恐攻的徵兆，因此有人批評這是情報機關的疏失。

犯人接受過訓練的確是事實。但是，當時真有辦法防止恐怖攻擊發生嗎？如果拒絕讓犯人進行訓練，說不定會發展成人權或人種之類的其他問題。畢竟這起事件的傷亡與損失十分慘重，會有這樣的批評也是沒辦法的事，此外也能理解他們想找個人負起責任讓事情告一段落的心情。可是，只要冷靜地想一想就會明白，最起碼參與飛行訓練的人或情報機關並沒有責任吧。

如同這個例子，強大的後見之明偏誤，會影響決策者的能力、聲譽或評價。這是因為，**如果只重視結果，卻忽略下決定時的狀況或過程，決策者就會變得畏縮消極**。

如此一來，決策者便會回避風險，完全按照法律或組織內部的規定、手冊行事。就算會被批評是「形式主義」也無妨，因為這麼做能避免自己被迫負起責任。

這也會在醫療現場造成問題。如果做了適當的治療後仍會發生醫療糾紛而挨告，醫療人員就會更常採取增加檢查、轉介給專科醫師等行動。這種情況在婦產科醫療現場特別嚴重。由於跟其他看診科目相比婦產科的訴訟風險很高，醫學院學生與實習醫師在選擇出路時往往會避開婦產科，導致醫療現場面臨婦產科醫師人力不足的問題。

得知答案或結果後，便很難正確想起當初的判斷或決定，每個人都很容易變身成評論家。但是，希望各位要留意這種「放馬後炮」的風險。

後見之明偏誤會令組織退縮消極

參考文獻

Max Bazerman and Don Moore, "Judgement in Managerial Decision Making", John Wiley and Sons, 2002.〔繁體中文版：麥斯・貝澤曼、唐・摩爾（洪士美譯）《精準決策：哈佛商學院教你繞開大腦的偏誤，不出錯的做出好判斷》樂金文化。〕

Daniel Kahneman, "Thinking, Fast and Slow", 2011.〔繁體中文版：丹尼爾・康納曼（洪蘭譯）《快思慢想》天下文化。〕

Matteo Motterlini, "Economia Emotiva: Che Cosa Si Nasconde Dietro i Nostri Conti Quotidiani", 2008.〔繁體中文版：墨特里尼（陳昭蓉譯）《情感經濟學：消費決策背後的真正動機》先覺。〕

Eldar Shafir, "The Behavioral Foundations of Public Policy", Princeton Univ Press, 2012.

友野典男《行動経済学：経済は「感情」で動いている》光文社（光文社新書），2006年。〔繁體中文版：謝敏怡譯《有限理性：行為經濟學入門首選！經濟學和心理學的共舞，理解人類真實行為的最佳工具》大牌出版。〕

短視近利的人是「頭腦簡單的人」，有
這種自覺的人是「明智的人」。

07 現時偏誤

Present Bias

意　思	如果是很久以後的事就能有耐心地做出判斷，但換作不久之後的事就會做出衝動的判斷。
關　聯	符號效應（→第74頁）

▌總是影響決策的「時間」

　　請問你會為了明年的入學考試而要求自己不得談戀愛，必須專心念書嗎？還是會選擇享受只有現在才能體驗的青春呢？再請問年紀大一點的讀者，你會選擇從 65 歲開始領取年金，還是延後領讓金額增加呢？做決策總是脫離不了「時間」這一概念。

　　像上述那樣的選擇，專業術語稱為**跨期選擇**（intertemporal choice），簡單來說就是「喜歡現在還是未來」的選擇。

　　這並非其中一邊正確、另一邊不正確的問題。

　　不過，過於追求眼前之物的弊害大家應該都不難想像吧。暴飲暴食與過度飲酒抽菸都有可能危害身體健康，或是浪費金錢導致老後有可能得過著窮困生活。

短視近利的人跟鴿子或老鼠沒兩樣？

假設有人提出以下 2 個選項。請問你覺得選擇哪一個比較開心呢？

①馬上得到 1 萬元。

②1 週之後得到 1 萬 100 元。

那麼，如果換成以下的選項呢？

③1 年後可以得到 1 萬元。

④1 年又 1 週後可以得到 1 萬 100 元。

第 1 道題目，大部分的人都傾向於選擇馬上得到 1 萬元。至於第 2 道題目，則傾向於選擇 1 年又 1 週後得到 1 萬 100 元。這 2 道題目都有著「1 週可獲得 1%的利息」這項有利條件，但時間若是不久之後就會選擇可以早點拿到的報酬，如果是很久以後則會選擇晚點拿到的報酬。換言之，**若是近期的選擇就很急躁，若是未來的選擇就有耐心**。這種現象就是**現時偏誤**。

這個狀況可以置換成看東西的角度。假設你的眼前有 2 棵樹，請

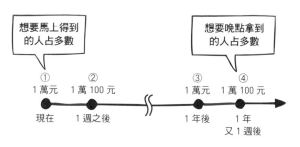

面對不久之後的事會做出衝動的選擇，
面對很久以後的事會做出有耐心的選擇。
＝
現時偏誤

把樹的高度想成金額，自己與樹木的距離想成時間。第 1 道題目是站在矮樹近前的狀況。若從這裡比較 2 棵樹的高度，靠近自己的矮樹看起來會比後面的高樹還要大。至於第 2 道題目是 1 年後的狀況，因此是從遠處比較 2 棵

即使高度（金額）相同，距離（時間）不同看起來就不一樣

不久之後的情況

近的東西感覺比較大

很久以後的情況

遠的東西感覺比較大

樹的高度。這樣一來，遠處的高大樹木就能看得很清楚了。

這就如同眼前若有一間房屋，即便遠處的富士山超過 3000 公尺，一樣會被房屋遮住。所以，即使知道幾十年後必須要有的儲蓄很重要，人還是抵擋不了眼前的誘惑。而這種**追逐眼前報酬的傾向，在鴿子與老鼠等動物身上也看得到**。

被眼前報酬蠱惑的我們該怎麼做才好？

許多人都有短視近利的傾向，可能還有人主動察覺到自己有這種傾向。因此這裡就提供 2 個改善方法。

首先大前提是，要明確地意識到自己有現時偏誤。行為經濟學稱能夠自覺的人為**「明智的人」**，沒有自覺的人則稱為**「頭腦簡單的人」**。而後者根本沒想過要採取對策，所以這種人很難改善。

另一個是自行約束自己的**承諾**（commitment）。不光是經濟學，商業領域也經常使用這個詞，聽起來的感覺比「約定」更有約束力。

舉例來說，古希臘長篇敘事詩《奧德賽（Odyssey）》的主角奧德修斯（Odysseus），他在故事中採取的行動正是承諾。希臘軍在打贏特洛伊戰爭後便搭船回國，但是海上有美麗的全裸女怪——賽蓮（Siren），她會用美聲

誘惑人類，要是受到蠱惑而接近她就有可能發生海難。奧德修斯事前就得到提醒，於是他把自己綁在帆柱上，並叫同伴用蜜蠟塞住耳朵，最後所有人都順利逃過一劫。

如果要瘦身，不囤貨就是一種達成承諾的方法。因為跟適中的囤貨量相比，囤積大量的產品會使人在購買後的 8 天內以 2 倍的速度消耗產品（Chandon & Wansink, 2002）。

還有一種方法是分割長期目標。舉例來說，大家都知道，把作業的繳交期限分割成幾個較短的期限可減少延遲或失誤等情況。

除了自行約束自己外，請他人約束自己的方法也具有一定程度的效果。例如未達成目標的話，就要罰錢或接受處罰等。不過，有件事必須注意。雖然大家常說「說謊要吞一千根針」，但實際上根本無法做到這種事。換句話說，**不可能實行或是執行者會猶豫的約定，就不具有承諾的效果**。不會太嚴格也不會過於寬鬆、一旦打破約定就能機械式地執行的處罰是比較適合的。

參考文獻

Pierre Chandon and Brian Wansink, "When Are Stockpiled Products Consumed Faster? A Convenience-Salience Framework of Post-Purchase Consumption Incidence and Quantity", Journal of Marketing Research: 44, 84-99, 2002.

Eldar Shafir, "The Behavioral Foundations of Public Policy", Princeton Univ Press, 2012.

大竹文雄《行動経済学の使い方》岩波書店（岩波新書），2019年。〔繁體中文版，陳正芬譯《如何活用行為經濟學：解讀人性，運用推力，引導人們做出更好的行為，設計出更有效的政策》經濟新潮社。〕

Piers Steel, "The Procrastination Equation".〔繁體中文版：皮爾斯・史迪爾（姬健梅譯）《不拖延的人生》先覺。〕

友野典男《行動経済学：経済は「感情」で動いている》光文社（光文社新書），2006年。〔繁體中文版：謝敏怡譯《有限理性：行為經濟學入門首選！經濟學和心理學的共舞，理解人類真實行為的最佳工具》大牌出版。〕

即便金額相同，失去時的打擊就是比得到時的喜悅還大。

損失規避
Loss Aversion

意 思	損失對心理的影響程度大於利得，因此人傾向於回避損失，或將損失最小化。
關 聯	框架效應（→第54頁）

能夠得到時的喜悅，與失去時的打擊

損失規避，顧名思義就是**回避損失的傾向**。乍看會覺得這是理所當然的，因為人總是希望愉快的事物愈多愈好，不愉快的事物則愈少愈好。

損失規避是價值函數的特徵之一。至於價值函數則是一種公式，用來計算得到或失去報酬時的主觀價值。

舉例來說，假設得到 1 萬元時的喜悅是 + 10。那麼失去 1 萬元時會是如何呢？

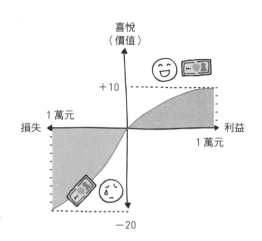

如果只是單純喪失收到 1 萬元時的喜悅，答案應該會是－10。但是，**據說這時人感受到的心理打擊，是得到當下的 1.5～2.5 倍左右**（Novemsky & Kahneman, 2005）。也就是說，答案是－20 左右。所以，我們才會想要回避損失。

展現人類本質的實驗

前面提到「損失時的痛苦是得到時的喜悅的 2 倍」，無法想像這種感覺的人請回答以下問題（Thaler, 2019）。

假設你有 300 美元，現在請從以下的彩券二選一。
A 彩券是一定可以得到 100 美元，至於 B 彩券則有 50% 的機率可以得到 200 美元（沒中獎就沒有任何獎勵）。請問你會選哪一張彩券？

在這種可以得到金錢的局面（利得局面）下，大約 7 成的人會選擇前者。那麼，若換成以下的選項你會怎麼選呢？

假設你有 500 美元，現在請從以下的彩券二選一。
C 彩券是一定會失去 100 美元，至於 D 彩券則有 50% 的機率無任何損失（沒中獎就會失去 200 美元）。

在這種損失局面下，大約 6 成的人會選擇 D 彩券。可能是因為不想眼睜睜失去 100 美元，才會決定賭一把。

值得注意的重點是，無論何種局面最終的收支都一樣，但兩者的回答卻是相反的。

讓人失去進攻動力的情況

回避損失的傾向也會出現在運動場合上。

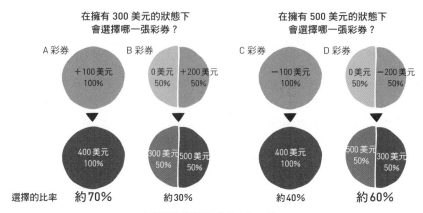

在擁有 300 美元的狀態下
會選擇哪一張彩券？

A 彩券　　　　B 彩券

+100 美元
100%

0 美元
50%　　+200 美元
50%

400 美元
100%

300 美元
50%　　500 美元
50%

在擁有 500 美元的狀態下
會選擇哪一張彩券？

C 彩券　　　　D 彩券

−100 美元
100%

0 美元
50%　　−200 美元
50%

400 美元
100%

500 美元
50%　　300 美元
50%

選擇的比率　約 70%　　約 30%　　約 40%　　約 60%

**無論哪個選項最終收支都一樣，
但選擇的比率卻是完全相反。**

　　典型的例子就是高爾夫球。球場上的球洞是依照距離來設定完成桿數
（3～5 桿），若揮桿次數與設定的桿數一樣稱為平標準桿（par），低於標準
桿 1 桿稱為小鳥（birdie），多於標準桿 1 桿稱為柏忌（bogey）。要打贏比
賽，必須打出許多「小鳥」並減少「柏忌」。這種關係結構跟利得與損失是
一樣的。

　　有項研究分析了美國職業高球錦標賽超過 250 萬次的推桿，發現在高
爾夫球這項運動上也能觀察到損失規避：平標準桿的推桿成功率，高於有望
「抓鳥」的推桿（小鳥推桿）成功率（考量球與球洞的距離等各項條件後所做的分
析）。這個現象可解釋為，選手並不想打出「小鳥」，而是想用 2 次推桿穩
定地打出平標準桿。

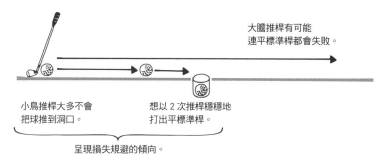

大膽推桿有可能
連平標準桿都會失敗。

小鳥推桿大多不會
把球推到洞口。

想以 2 次推桿穩穩地
打出平標準桿。

呈現損失規避的傾向。

如果選手真想打出「小鳥」，就必須將球推到洞口。但若是太在意這點而大膽地推桿，失敗後要再推球入洞就很困難了。如此一來，連要打出平標準桿都有風險了。為了避免這種情況，選手才會選擇以 2 次推桿穩穩地進球。

大幅提高拆信率的手法

不少政策都運用了損失規避，例如「框架效應」一節介紹的東京都八王子市大腸癌篩檢。

神奈川縣橫濱市也在 2019 年，為了提高特定保健指導說明手冊的拆信率，而在信封正面強調「如果不用這張使用券，就無法免費參加健康保險支援計畫」。除此之外設計與排版也下了工夫，雖然不能說全都是損失規避的效果，不過拆信率確實從 20% 上升到 75.9%。

香川縣為了提升 HPV（人類乳突病毒）疫苗的接種率，則是明確標示「若不主動洽詢，就無法索取免費接種時要填寫的門診資料表」。這同樣是強調損失的手法。

損失規避是今後會運用在各種領域的偏誤之一。

參考文獻

Nathan Novemsky and Daniel Kahneman, "The Boundaries of Loss Aversion", Journal of Marketing Research: 42, 110-128, 2005.

Richard Thaler, "Misbehaving: The Making of Behavioural Economics", W. W. Norton & Company, 2015.〔繁體中文版：理查・塞勒（劉怡女譯）《不當行為：行為經濟學之父教你更聰明的思考、理財、看世界》先覺。〕

佐々木勝《経済学者が語るスポーツの力》有斐閣，2021年。

特定非営利活動法人Policy Garage《自治体職員のためのナッジ入門：どうすれば望ましい行動を後押しできるか?》公職研，2022年。

村山洋史、江口泰正、福田洋《ナッジ×ヘルスリテラシー：ヘルスプロモーションの新たな潮流》大修館書店，2022年。

你敢笑著挑戰99％能存活的俄羅斯輪盤
嗎？

確定性效應
Certainty Effect

意　思	就算被告知「幾乎確定」，心裡仍然有些不安，因而偏好確定的選擇。
關　聯	機率權重函數（→第90頁）

死都不想損失的人的思維

　　包括經濟學在內的許多學術領域，都在嘗試釐清不確定狀況下的決策機制。這些研究成果，則運用在消費者行為預測、垃圾郵件判定、醫療診斷、自動駕駛技術等各種領域。

　　確定性效應是其中一種有關不確定性的偏誤。這是一種**偏好確定的選擇（即符合期待的選項或狀況）的傾向**。

讓人失去一貫性與穩定性的實驗

　　為了幫助各位了解不確定性，我們先來看看以簡單的彩券進行的實驗。請分別從 2 種彩券中選擇你喜歡的彩券（Bazerman, 2011）。

　　①　一定能得到 30 美元，或有 80％的機率得到 45 美元（沒中獎就是 0 美元）。

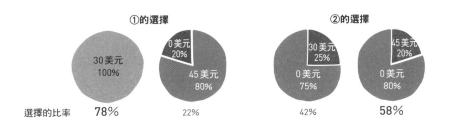

② 有 25％的機率得到 30 美元（沒中獎就是 0 美元），或有 20％的機率得到 45 美元（沒中獎就是 0 美元）。

實驗結果是：①有 78％的人選擇一定能得到的報酬，②有 58％的人選擇有 20％機率得到 45 美元的選項。雖然偏好因人而異，不過這個結果一般人都可以接受。

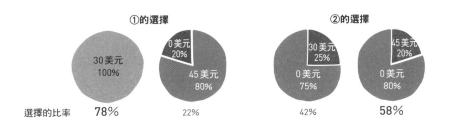

①的選擇　　　　　　　　②的選擇

30 美元
100%

0 美元
20%

45 美元
80%

30 美元
25%

0 美元
75%

45 美元
20%

0 美元
80%

選擇的比率　78%　　22%　　42%　　58%

問題①很好理解。雖說得到 45 美元的機率有 80％，但得不到任何獎勵的機率也有 20％。所以，大部分的人才會選擇一定能得到的 30 美元吧。至於問題②，20％與 25％幾乎沒有差別，所以才會選擇金額高的。

如果各別分析這 2 個問題，會覺得結果並無任何矛盾，但其實當中有讓人不能理解的地方。這裡就用簡單的計算來說明。這 2 個問題能夠得到的金額都是 30 美元與 45 美元。接著來看能夠得到錢的機率，問題①是 100％與 80％，問題②是 25％與 20％。問題②提出的機率，正好是問題①的 4 分之 1。

換言之，機率的下降幅度相同，故這 2 個問題都是可得到 30 美元的選項中獎機率比較高。

以這 2 個問題來說，金額與機率的大小關係都一樣，因此偏好一定能得到報酬的人應該會選 30 美元，偏好冒險想獲得較高報酬的人應該會選擇 45 美元。**在有風險的情況下做判斷或決策時，人往往缺乏一貫性或穩定性**，而確定性效應就是這時會有的其中一種傾向。

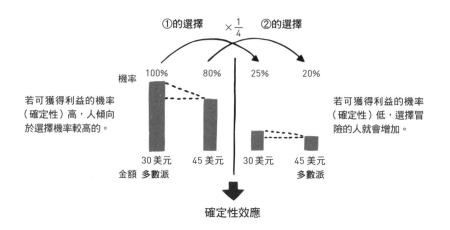

①的選擇 $\times \frac{1}{4}$ ②的選擇

機率   100%   80%   25%   20%

若可獲得利益的機率（確定性）高，人傾向於選擇機率較高的。

若可獲得利益的機率（確定性）低，選擇冒險的人就會增加。

金額   30 美元   45 美元   30 美元   45 美元
多數派   多數派

確定性效應

▌你敢挑戰99％能存活的俄羅斯輪盤嗎？

　　或許有些人看完前述的實驗內容與結果後，仍然覺得模模糊糊不甚清楚。這樣的人只要想像以下的狀況，應該就會明白100％與確定性有多麼特殊。

　　　請你想像一下用可裝填100發子彈的手槍玩俄羅斯輪盤的狀況。手槍只裝入1發子彈，你有99％的機率能存活下來。請問你敢自信滿滿地面帶笑容扣下扳機嗎？

　　99％可以說是「幾乎一定能存活」的機率吧。可是真要挑戰時，心裡應該還是會忐忑不安。就算機率有99％，人也無法完全放心。存活機率從98％提高到99％固然令人開心，不過從99％提高到100％的喜悅又格外不同。**100％與確定就是如此特殊。**

　　確定性效應畢竟是一種選擇確定選項的傾向，故這種效應本身並不是壞事。不過，希望各位要留意，確定性效應有時也會被人反過來運用在商業或交易上。

　　舉例來說，假設我們在民事訴訟中向被告請求損害賠償。當我們不確定

從99%與100%的差距看確定性效應

官司能否打贏時，如果被告主動提議以某個金額跟我們和解，我們或許就會在確定性效應的影響下接受這項提議。另外，像是宣稱「100％安全」、「一定會增值」的投資案，有些人雖然會覺得可疑，卻又無法斷然放棄，最後就決定購買或簽約了。

　　為什麼會發生確定性效應呢？這是因為人不會老實地接受告示的機率。拿前述俄羅斯輪盤的例子來說，即是「雖然99％安全，但心裡就是不覺得機率有99％這麼高」。另外，關於人對機率的感覺，之後會在「機率權重函數」一節詳細說明。

參考文獻

Max Bazerman and Don Moore, "Judgement in Managerial Decision Making", John Wiley and Sons, 2002.〔繁體中文版：麥斯·貝澤曼、唐·摩爾（洪士美譯）《精準決策：哈佛商學院教你繞開大腦的偏誤，不出錯的做出好判斷》樂金文化。〕

Daniel Kahneman, "Thinking, Fast and Slow", 2011.〔繁體中文版：丹尼爾·康納曼（洪蘭譯）《快思慢想》天下文化。〕

筒井義郎、山根承子《図解雑学 行動経済学》Natsume社，2011年。

你之所以努力，是為了報酬，還是為了
社會的肯定？

社會規範

Social Norm

意　思	人並非只考慮自己的得失，還受到社會或團體規則的影響。
關　聯	觀察者效應（→第250頁）

這世界不是只有錢而已

　　個人的選擇取決於得失——這麼說正確嗎？

　　我們時常聽到「糖果與鞭子」、「把紅蘿蔔掛在馬的面前」之類的說法。這裡的糖果與紅蘿蔔，是指「我會提高你的時薪，你就去做○○吧」、「每拿到一筆合約，就能獲得○萬元的獎金」這類甜言蜜語。

　　其實，這類報酬大多看不到效果。這是因為，人並非只在乎自己的利益，還會受到周遭人或狀況的影響。

　　人類是社會性動物，所以會肯定具社會性的行為，也會透過這類行為獲得肯定。因此，花錢要求他人做某事，未必能帶來好結果。這種**受周遭的目光或社會的反應影響的現象**，稱為**社會規範**。

若 以 金 錢 利 誘 ， 人 就 不 會 努 力

有人做了一項實驗，要求受測者進行下述的枯燥作業。

這項作業是用滑鼠將電腦螢幕上的許多圖形，從左邊移到右邊。實驗者推測，只要提供費用，受測者就會把這項作業當成工作付出一定程度的努力，故將受測者分成 3 組，第 1 組告知報酬為 5 美元，第 2 組告知報酬為50 美分，第 3 組只告知他們要協助研究，完全沒提到報酬的事。

最後，實驗結果如下：

報酬金額	5 美元	50 美分	無報酬
移動的圖形數量	159 個	101 個	168 個

如果只看第 1 組和第 2 組的結果，馬上就會發現報酬與成果有正向關係。但是，無報酬那一組的平均值卻是 168 個，高於報酬為 5 美元的那一組。故可以認為，受測者不是為了金錢而努力，是為了「對研究做出貢獻」這個社會規範而努力。

這項實驗是以現金作為報酬，不過我們有時也會收到物品類的報酬。因此，若把這項實驗的報酬換成等值的零食，結果會怎麼樣呢？

報酬（零食）	相當於 5 美元	相當於 50 美分	無報酬
移動的圖形數量	169 個	162 個	168 個

報酬不是白花花的現金，因此成功喚起了受測者心中的社會規範，移動的圖形數量變多了。此外有意思的是，零食的價格幾乎不會造成影響。

還有一項研究是將社會規範應用在募款上（Gneezy, 2014）。研究者將180 名學生分成 3 組，要求他們募款。第 1 組可獲得的報酬是募得金額的10%，第 2 組的報酬是 1%，第 3 組不給報酬，而是向學生充分解說募款與樂捐的社會意義。最後，募得金額最高的是第 3 組，募得金額最少的是第 2組。

從行為經濟學

從統計學

從資訊科學

利用禮物與社會規範杜絕爽約

接著介紹為了杜絕預約看診的病患在當天無故取消掛號，而在英國醫院所做的嘗試（Martin, et al., 2012）。

首先，研究者請櫃台人員要求想預約的病患寫下預約日期與時間。這個做法利用了人會想要遵守自己立下的約定之特性，而這就成了一種承諾（→第40頁）。但是，無故取消掛號的情況並未改善。原因在於，櫃台人員不是每次都會要求病患將預約日期與時間寫下來。於是，研究者送櫃台人員點心，拜託他們提醒病患寫下預約日期與時間，最後無故取消掛號的情況就減少了18%。這個結果就跟「白鶴報恩」一樣，櫃台人員用善意回應研究者的善意。

此外醫院還乘勝追擊，在院內公布準時報到的預約病患人數。醫院是藉由這種方式，讓人意識到「採取正確的行動是多數派、是好事」這種社會規範。

順帶一提，醫院為了檢驗效果而暫停實施這些方法後，無故取消率增加了10.1%。但是，再度實施承諾與公布人數的方法後，取消率就減少了29.6%，因此可以說這個方法是有效的。

杜絕爽約的實驗結果

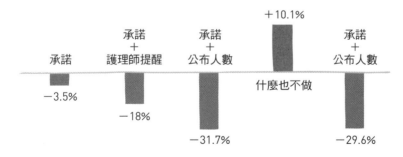

討人厭的行為與難聞的臭味是一樣的

我們在判斷事物時，無法忽視外在因素的影響。其中具代表性的外在因素就是社會規範。即便不違法，做出社會無法接受的行為仍會遭受嚴厲的譴責。

舉例來說，大家都無法接受不公平的結果。如果不當對待他人，這個人就會失去他人的互惠（義務性的互助關係）或信賴。

這個概念很近似近年常看到、聽到的「compliance」。compliance 一般翻譯成「法令遵循」，不過最近這個詞的意思擴大到遵守業界慣例，或是不做社會常理普遍認為不適當的事。

其實，**人在受到不當對待時，腦內會出現跟聞到難聞臭味一樣的反應**（Baddeley, 2018）。相信大家只要想到這一點，應該就會避免做出給他人添麻煩的行為吧。

討人厭的行為與難聞的臭味是一樣的！

參考文獻

Michelle Baddeley, "Behavioural Economics: A Very Short Introduction", Oxford Univ Press, 2017.

Uri Gneezy and John List, "The Why Axis: Hidden Motives and the Undiscovered Economics of Everyday Life", PublicAffairs, 2013.〔繁體中文版·葛尼奇、李斯特（齊若蘭譯）《一切都是誘因的問題！找對人、用對方法、做對事的關鍵思考》天下文化。〕

Steve Martin, Suraj Bassi and Rupert Dunbar-Rees, "Commitments, Norms and Custard Creams—A Social Influence Approach to Reducing Did Not Attends (DNAs)", Journal of the Royal Society of Medicine: 105, 101-104, 2012.

大竹文雄《あなたを変える行動経済学：よりよい意思決定·行動をめざして》東京書籍，2022年。

高橋昌一郎《東大生の論理》筑摩書房（ちくま新書），2010年。

行為經濟學
偏誤

11

比起「醣類20％」更傾向選擇「減醣80％」的原因。

框架效應
Framing Effect

| 意 思 | 即便是同樣的資訊、結果或內容，只要換一種表達方式或提問方式就能影響對方的判斷。 |
| 關 聯 | 損失規避（→第42頁） |

行銷必備的知識

　　想要說服他人、推銷商品或是拜託他人時，我們的表達方式或對方對主張的理解，都可能使對方的反應截然不同。說不定有些人為了在公司內部或社會上生存，早已不自覺地學會了這類技能。

　　即便是**同樣的資訊或內容，表達方式也不只一種，還可以從各種角度去表現。這個設定就稱為框架，利用設定影響決策的效果稱為框架效應。**

　　介紹行為經濟學的書籍，幾乎一定會出現框架效應這一名詞。因為這是一種非常容易

只是換個表達方式，選擇就會改變

理解的效果，而且經常應用於行銷與標示。

為什麼表達的內容相同，卻產生相反的反應？

這裡就來介紹最有名的「亞洲疾病問題」實驗（Kahneman, 2011）。這項實驗要求受測者想像以下的狀況，並選擇對策。

> 聽說美國正在流行一種亞洲疾病（虛構的傳染病）。什麼都不做的話會有 600 人死亡。以下 2 種對策，你認為應該採用哪一種呢？
> A 對策：有 200 人能得救。
> B 對策：有 1/3 的機率能讓 600 人得救，但有 2/3 的機率救不了任何人。

結果，72%的人選擇 A 對策，可以說多數人寧願選擇確定的選項也不選擇賭一把。那麼，如果是以下的 C 對策與 D 對策，你會選擇哪一種呢？

> C 對策：會造成 400 人死亡。
> D 對策：有 1/3 的機率無人死亡，但有 2/3 的機率會造成 600 人死亡。

改用這種問法後，有 78%的人選擇 D 對策。其實這 2 個問題的內容都是一樣的，但選擇結果卻完全相反。第 1 題使用「得救」這種正面的字眼，第 2 題則使用「死亡」這種負面的字眼。

這個結果可用價值函數與損失規避來說明。在能產生利益的局面下，人會選擇穩定的選項，反之在蒙受損失的局面下，人會選擇賭一把，而非一定會損失的選項。選擇 A 對策與 D 對策的狀況正是如此。

東京都八王子市做過一項實驗，利用這個手法來提高大腸癌篩檢率。八王子市死因排名第一的是癌症，其中大腸癌的防治更是當務之急。此外，癌症患者變少的話也能減少醫療支出，對地方政府而言十分重要。

不同的訊息造成的篩檢率變化

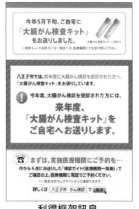

利得框架訊息
篩檢率：22.7%

損失框架訊息
篩檢率：29.9%

因此八王子市便實際驗證，郵寄大腸癌檢測工具組時，什麼樣的通知內容比較有效。其中一種是「今年度接受大腸癌篩檢的人，明年度會將『大腸癌檢測工具組』寄送到府上」（圖左），另一種是「今年度未接受大腸癌篩檢的話，明年度就不會將『大腸癌檢測工具組』寄送到府上」（圖右）。結果前者的篩檢率是 22.7%，後者則是 29.9%。只是一張通知書而已，卻能看到這樣的效果。

當時，腦內是什麼樣的狀態？

使用正面的框架時會選擇穩定的選項，使用負面的框架時會選擇冒險的選項。當人做出這種判斷時，大腦活動有什麼樣的變化呢？

有人使用可觀察大腦功能的 fMRI（功能性磁振造影）進行研究，發現當人採取如前述 A 對策或 D 對策的行動時，大腦的杏仁核領域會變得活躍（De Martino, 2006）。此外，動物實驗結果發現，杏仁核與回避恐懼或負面結果的行為有關。但是，屬於獎勵系統（會對利益與報酬產生反應的領域）的前扣帶迴會變得較不活躍。

有趣的是，**能夠不受框架效應影響做出理性的判斷的人，其眶額皮質（跟理性思考有關的領域）十分活躍**。

如何避免陷入框架的陷阱？

如同前面的說明，即便結果相同，只要換個說法或表現方式，人就會改變選擇。

實際上像保險、化妝品或健康食品之類的產品，有時會使用「1 天只要80 元就能享有」之類的廣告詞。遇到這種情況時，就將它換算成 365 天的價格吧。假如看到換算後的金額還是想買就沒問題。不過，如果會猶豫，就表示你可能掉進框架的陷阱了。

開頭那個實驗例子的 A 對策與 C 對策其實是相同的內容，相信大家看完應該都明白什麼是框架的陷阱吧。而「1 天只要 80 元就能享有」，意思其實就等同於「1 年花 2 萬 9200 元就能享有」。

參考文獻

Daniel Kahneman, "Thinking, Fast and Slow", 2011.〔繁體中文版：丹尼爾‧康納曼（洪蘭譯）《快思慢想》天下文化。〕

Benedetto De Martino, Dharshan Kumaran, Ben Seymour and Raymond Dolan, "Frames, Biases, and Rational Decision-Making in the Human Brain", Science: 313, 684-7, 2006.

Evan Wilhelms and Valerie Reyna, "Neuroeconomics, Judgment, and Decision Making (Frontiers of Cognitive Psychology)", Psychology Press, 2014.

大竹文雄《行動経済学の使い方》岩波書店（岩波新書），2019年。〔繁體中文版：陳正芬譯《如何活用行為經濟學：解讀人性，運用推力，引導人們做出更好的行為，設計出更有效的政策》經濟新潮社。〕

高橋昌一郎《感性の限界》講談社（講談社現代新書），2012年。

餐廳提供許多菜色，反而會讓顧客覺得
做選擇很麻煩？

12 選擇超載

Choice Overload

意 思	以為選項愈豐富，愈能做出最適當的選擇，但實際上反而讓人無法決定，或是感到混亂。
關 聯	有限理性（→第186頁）

選項並非愈多愈好

人生就是一連串的選擇。從升學、就業、結婚這些人生大事，到要買哪一個商品、要接受何種治療等生活瑣事，選擇的內容與重要度各不相同。

不過，有時也會遇到「沒有選擇的餘地」這種情況吧。這時大家應該都會覺得「要是有更多選項，就能做出更好的決定了」。的確，選項只有 1 個時只能選擇 Yes 或 No，選項有 2 個時就能比較。如果選項有 3 個以上，就能夠貨比三家選出最好的那一個。一般人都是這麼認為的吧。

遺憾的是，豐富的選項未必能帶來有益的結果。**過多的選項造成負面效果的現象**稱為**選擇超載**。

有些人可能無法理解，為什麼選項愈多愈會造成負面效果，因此我們來看看以下這個簡單的實驗（Iyengar, 2010）。

這項實驗是在美國的高級超市入口，設置英國王室御用的果醬試吃攤位。實驗者分別準備了 6 種果醬與 24 種果醬，輪流陳列幾個小時，然後調

查並且比較吸引到的顧客人數。這 2 組果醬均排除了大家都喜歡的草莓醬與柑橘醬等基本款商品（4 種），此外試吃的顧客可以得到該品牌果醬的 1 美元折價券。實驗結果如下：

24 種果醬的販售區	
吸引到的顧客比率	60%
平均試吃數量	2 種
試吃者的購買率	3%

6 種果醬的販售區	
吸引到的顧客比率	40%
平均試吃數量	2 種
試吃者的購買率	30%

　　假如來客數為 1000 人，那麼試吃 24 種果醬的顧客當中只有 18 人決定購買，如果是 6 種果醬則有 120 人決定購買。減少選項，竟然讓購買人數相差了 6 倍左右。

　　至於原因，可以認為是**因為選項或資訊太多，導致大腦無法或來不及處理資訊，從中選出最好的選項**。

P＆G 將洗髮精產品縮減成 15 種的原因

　　在金融商品上也看得到跟果醬實驗一樣的結果。美國的 401(k) 退休金制度就是一個具體例子。在美國，員工會將部分薪水拿出來進行中長期的投資，為自己準備老後資金。由於有節稅優惠，多數美國人都參加這項退休福利計畫。日本也在 2001 年引進。

　　參加 401(k) 計畫的人，必須選擇自己想要投資哪個基金（投資信託）。雖然投顧公司推出各式各樣的基金，但調查之後卻發現，參加率並沒有隨著基金數量增加而成長。從分析結果來看，每增加 10 種基金，參加率就會減

少 2～3％。可以認為這是因為，選擇變多後人會非常煩惱，於是就暫時擱置不管，最後便忘記這件事了。

順帶一提，1990 年代後期，P&G 將旗下的洗髮精產品從 26 種縮減至 15 種，銷售額因而增加 10％。前述的果醬實驗則是在 2000 年發表，由此看來優秀的 P&G 行銷人員，也許早就憑著直覺或經驗了解到減少選項的好處。

從過多的選項選出最佳解的方法

以上的例子，如果單純解釋為選項愈少愈能產生好結果，其實不能說是完全正確。

因為很難否定的是，在大型購物中心或大型書店等場所被眾多商品包圍時，人會感到興奮與期待。而且，想擁有廣泛的客群，當然也要照顧到想購買小眾稀有商品的顧客。

那麼面臨選擇超載時，我們該怎麼應對才好呢？這裡介紹 2 種應對方法。

第 1 種方法是，**不要覺得選項很多是好事**。這點前面已經說明過了，各位要記住這個觀念。

第 2 種方法是，**學習專業知識**。就算資訊量或選項相當多，只要自己擁有豐富的專業知識，就能在短時間內模式化、簡化、分類、縮小範圍等等。這是源自於知識與多年經驗的能力。若要打個比方，這種狀況就近似職業棋士同時與好幾個人對戰，依然能夠快速做出判斷。

然而事實上，我們沒有時間與多餘心力成為所有領域的專家。因此，找該領域的專家商量，可能會是幫助你最快做出最恰當選擇的方法。

雖然這不是個多厲害的對策，但卻很重要。如果是陳列在超商裡的啤酒，由於我們擁有一定程度的知識，故能夠輕易選擇要買哪一種。不過，如果是在有點時髦的餐廳裡挑選葡萄酒，難度是不是突然就變高了呢？這是因為我們對葡萄酒不熟悉。所以，這種時候就要請店員或侍酒師幫忙縮小選擇範圍，或是介紹推薦的酒款。

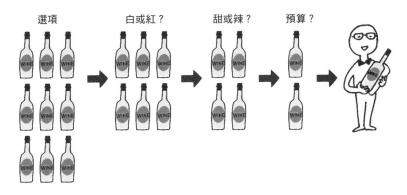

要避免猶豫不決就需要專業知識

選項　　　　白或紅？　　甜或辣？　預算？

　　但是有一點要注意，那就是諮詢的專家必須是可以信賴的人。假如對方無法代替沒有專業知識的自己做出最佳選擇，那就沒意義了。**如果代理人（agent）以自己或店家的利益為優先，對我們委託人（principal）而言就沒有好處了。**經濟學的**代理理論**，就是在研究這樣的問題。

參考文獻

Max Bazerman and Don Moore, "Judgement in Managerial Decision Making", John Wiley and Sons, 2002.〔繁體中文版：麥斯‧貝澤曼、唐‧摩爾（洪士美譯）《精準決策：哈佛商學院教你繞開大腦的偏誤，不出錯的做出好判斷》樂金文化。〕

Moran Cerf, Manuel Garcia-Garcia, "Consumer Neuroscience", MIT Press, 2017.

Sheena Iyengar, "The Art of Choosing", Twelve, 2010.〔繁體中文版：希娜‧艾恩嘉（洪慧芳譯）《誰在操縱你的選擇：為什麼我選的常常不是我要的？》漫遊者文化。〕

「結尾好,一切都好」與「因最後一句話而前功盡棄」是真理。

13

峰終定律
Peak-End Rule

意 思	評價過去的事時,是以「高峰」及「最後」的印象來決定,而非中間的過程。
關 聯	

▌令人煩躁的是塞車的順序,而不是塞車的時間!?

我們會將過去的經驗應用在未來的決策上。因此,有過某個經驗後,如何評價這件事是很重要的。好比說絕對不想再經歷一次,或是如果有機會想再經歷一次。

請想像以下兩人的狀況。

A 與 B 為了出席同一場會議,各自從不同的地點搭乘計程車,車程為 30 分鐘。

A 上車後,前 20 分鐘都在塞車,直到快抵達會場的最後 10 分鐘才一路順暢。至於 B 則是前 20 分鐘一路順暢,最後 10 分鐘遇到塞車。

最後兩人都趕上會議,請問哪個人的心情比較煩躁呢?

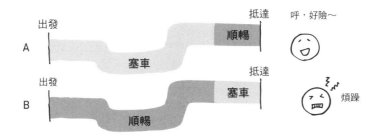

應該是 B 吧。由此可見，我們在評價經驗時，重點放在最後的感受有多麼舒適愉快。

為什麼**只是行動不一樣，對經驗的評價就會改變呢**？

人 是 根 據 什 麼 來 評 估 「 不 適 感 」 ？

有項實驗為了調查人在評價經驗時的傾向，而對 154 人進行內視鏡檢查（Redelmeier & Kahneman, 1996）。當時並未使用麻醉，因此疼痛與不適感會大到難以估計。實驗者要求協助者在檢查期間每 1 分鐘評估 1 次疼痛感，滿分 10 分，0 代表不痛，10 代表非常痛。檢查時間因人而異，約 4～69 分鐘。

下圖為檢查時間內的疼痛變化。A 患者的檢查時間是 8 分鐘，疼痛的高峰為 8，然後就維持這個水準結束檢查。至於 B 患者的檢查時間是 24 分鐘，疼痛的高峰在中期，疼痛程度為 8。不過，結束時疼痛有減輕。

檢查結束後詢問協助者綜合的印象，結果發現了 2 件事。

第 1 件事是，**疼痛的最大值與結束時的疼痛之平均值會影響綜合評價**。這稱為**峰終定律**。

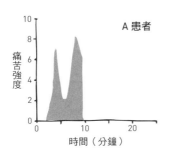

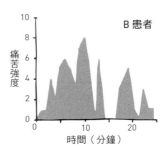

這個結果出乎實驗者的預料。因為實驗者原本以為，評分取決於藍色部分的總面積大小，所以預測 A 患者的疼痛總量比較少（對檢查有好印象）。A 患者的高峰是 8，結束時是 7，故平均值是 7.5。至於 B 患者的高峰是 8，結束時是 1，平均值是 4.5。因此，反而是 B 患者給了好評價。

第 2 件事是，檢查時間的長短與評價無關。這個現象稱為**忽視持續時間**（duration neglect）。這樣的結果，也可在攝護腺切片檢查與進行牙科治療等情況觀察到。

經 驗 與 記 憶 的 不 一 致

我們都想盡可能選擇最不痛苦的選項。痛苦程度當然是弱比強好，痛苦時間當然是短比長好。事後被問到整體的評價或印象時，我們會依據這段經驗的記憶去打分數，但就前述的實驗結果來看，當時的記憶似乎未能順利地重新建構。

換言之，**人無法像電腦那樣完全記住所有事，因此只會保存大致的平均值或留下印象的代表物**。這相當於高峰與最近時間點的印象。

接著來看著名的冷水實驗。

第 1 次實驗時，受測者要將一隻手放進攝氏 14 度的水裡浸泡 60 秒。14 度是冷到會痛，但還可以忍耐的溫度。第 2 次實驗則是先跟第一次一樣，把另一隻手放進 14 度的水裡浸泡 60 秒，之後再放進溫度高一點點的

冷水實驗體驗前後的變化

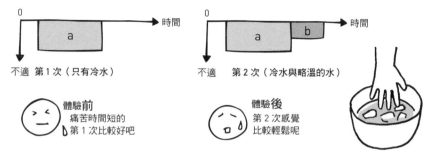

15 度水裡浸泡 30 秒。如下圖所示，第 2 次實驗多了 30 秒的不舒服經驗（b 的部分），照理說應該沒人喜歡才對。但是，有 8 成的受測者表示「痛苦減輕了」。

▍「只要結尾好……」的科學根據

「結尾好，一切都好」與「因最後一句話而前功盡棄」這 2 句話，其實是有科學根據的。

實際上客服中心或客訴處理，就應用了這個峰終定律（谷，2017）。要結束客訴處理時（這稱為結尾），客服人員不是用「這次真的很抱歉」向投訴者道歉，而是用「非常感謝您的指教」向投訴者道謝。這樣有助於讓投訴者把抱怨當成建議，從而平息怒火。

參考文獻

Daniel Kahneman, "Thinking, Fast and Slow", 2011.〔繁體中文版：丹尼爾・康納曼（洪蘭譯）《快思慢想》天下文化。〕

Matteo Motterlini, "Trappole Mentali: Come Difendersi Dalle Proprie Illusioni E Dagli Inganni Altrui", 2008.

Donald Redelmeier and Daniel Kahneman, "Patients' Memories of Painful Medical Treatments: Real-Time and Retrospective Evaluations of Two Minimally Invasive Procedures", Pain: 66, 3-8, July 1996.

谷厚志《どんな相手でもストレスゼロ！超一流のクレーム対応》日本實業出版社，2017年。〔繁體中文版：賴郁婷譯《客訴管理：讓你氣到內傷的客訴，這樣做都能迎刃而解》如果出版社。〕

友野典男《行動経済学：経済は「感情」で動いている》光文社（光文社新書），2006年。〔繁體中文版：謝敏怡譯《有限理性：行為經濟學入門首選！經濟學和心理學的共舞，理解人類真實行為的最佳工具》大牌出版。〕

為什麼選擇不貴也不便宜的中等價位，
我們會感到安心呢？

14

極端趨避
Extremeness Aversion

意 思	不想選了極端的選項後感到後悔，因而選擇中間選項的傾向。

關 聯	損失規避（→第42頁）

選擇松竹梅的竹之心理

　　各位有沒有覺得生活周遭的選項大多是 3 個呢？例如薯條有「S－M－L」3 種分量，燒肉店的肉有「特選－上等－一般」3 種等級，另外某知名豬排蓋飯連鎖店則有「松－竹－梅」3 種等級，這類三選一的選項有各式各樣的說法。

　　看到這樣的選項時，**人往往會選擇正中央的選項**。這種傾向稱為**極端趨避**，在日本又稱為松竹梅效應。

　　應該有不少人會說自己有類似經驗，能夠理解想選中間的心情。也就是覺得：「不想買貴而後悔，但也不希望便宜沒好貨。既然這樣，那就選中間吧。」不過，以下的實驗卻發現，此時的心理活動要更複雜一點。

　　實驗者向受測者提出價格親民的 A 相機與標準價格的 B 相機這 2 個選項，詢問他們會選擇哪台相機（Simonson & Tversky, 1992）。結果，106 位受測者的回答很平均地分成兩派。

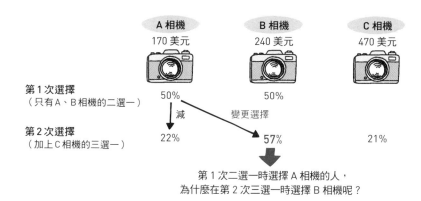

第1次選擇
（只有A、B相機的二選一）

第2次選擇
（加上C相機的三選一）

A 相機　170 美元　第1次選擇 50%　第2次選擇 22%
B 相機　240 美元　第1次選擇 50%　第2次選擇 **57%**
C 相機　470 美元　第2次選擇 21%

減　　變更選擇

第 1 次二選一時選擇 A 相機的人，
為什麼在第 2 次三選一時選擇 B 相機呢？

從行為經濟學

從統計學

從資訊科學

　　但是，如果新增昂貴的高功能相機 C 這個選項，然後再問一次同樣的問題，結果會怎麼樣呢？這次有 57% 的人選擇 B 相機。

　　這是個令人匪夷所思的結果。假如是二選一時選擇 B 相機的人，因為喜歡 C 相機而變更選擇的話還可以理解。但是，57% 的人選擇 B 相機的結果，代表原本選擇 A 相機的人，因為出現高功能相機 C 這個選項而變更了選擇。

　　這種狀況就好比有人晚餐想吃披薩更勝於壽司，但當你告訴他「還有燒肉可以選，你想吃哪一種」後，他卻回答：「那就吃壽司吧。」

▌讓人選擇中間的手法

　　由於日本常以松竹梅代表等級，再加上日常生活的經驗，故大部分的人都能接受這個研究結果。

　　不過，「商品有 3 種時就會選中間那個」是有點粗淺的解釋。這是因為，中間選項的價格與品質，未必正好是中等水準。中間選項可設定許多個，例如偏高價的中等品質或偏低價的中等品質等，因此一不小心就會讓選項失去吸引力。中間的選項會被選上有好幾個原因，這裡就舉 2 個原因來說明。

　　第 1 個原因是相對性，第 2 個原因則是損失規避。

　　相對性是指，無法直接評估價值時，就跟其他東西做比較來找出價值。

請問你能帶著自信與根據評估自己值多少月薪或時薪嗎？應該很難吧。所以，這時應該會拿工作量或成果與自己相等的某個人來比較，判斷自己的薪資跟他差不多，或是拿不能幹的同輩來比較，判斷自己的薪資比他多。也就是說，價值的評估會受到自己與比較對象之間的關係影響。

舉例來說，假設現在有品質高價格高的 A 商品，與品質低價格低的 B 商品，兩者的價格與性能均成正比。在這種狀況下，我們試著把中間選項商品 X、Y、Z，設定在下圖那 3 個位置吧。那麼，從 A 商品與 B 商品的角度來看，中間選項是怎樣的商品呢？

下圖分別從 A 商品與 B 商品畫了一個 L 形箭頭指向 X、Y、Z。只要注意那 2 條折線的長度，就能看出作為中間選項的各商品吸引力。

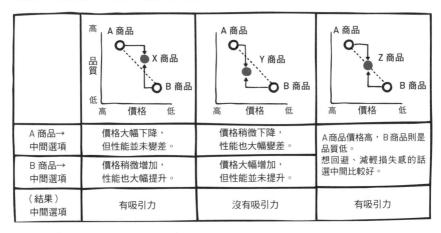

	X 商品	Y 商品	Z 商品
A 商品→中間選項	價格大幅下降，但性能並未變差。	價格稍微下降，性能也大幅變差。	A商品價格高，B商品則是品質低。想回避、減輕損失感的話選中間比較好。
B 商品→中間選項	價格稍微增加，性能也大幅提升。	價格大幅增加，但性能並未提升。	
（結果）中間選項	有吸引力	沒有吸引力	有吸引力

第 2 個原因損失規避，則發生在像 Z 商品的狀況。A 商品雖然品質高，但價格也很高。話雖如此，自己又不想選擇價格低、品質低的 B 商品，因為 B 商品有可能讓自己不滿意。這種時候大多會認為，品質與價格都適中的 Z 商品比較不可能「踩到地雷」，因而選擇這個商品。

湊成一組會更加混亂

看完以上的實驗結果與理論背景後，大致能夠理解中間選項為什麼會被選上。但是，選項未必每次都是 3 個等級。有時還會像漢堡套餐那樣，把許

多東西湊在一起提出來。

最後就來看看，以英文商業雜誌《經濟學人（The Economist）》一年訂閱方案進行的簡單實驗。電子書訂閱費是 59 美元，紙本書是 125 美元，電子書加紙本書套餐是 125 美元，結果大部分的人都選擇套餐。若是扣掉較不受歡迎的紙本書，變成電子書與套餐二選一的話，多數人會選擇電子書。值得注意的是，**加入沒人選的 125 美元紙本書這個選項後，125 美元的訂閱人數就從 32 人增加到 84 人，是前者的 2.6 倍。這樣的選項一般都當作誘餌使用**。

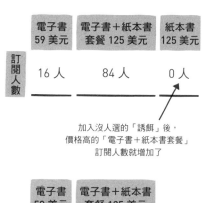

電子書 59 美元	電子書＋紙本書 套餐 125 美元	紙本書 125 美元
訂閱人數 16 人	84 人	0 人

加入沒人選的「誘餌」後，
價格高的「電子書＋紙本書套餐」
訂閱人數就增加了

電子書 59 美元	電子書＋紙本書 套餐 125 美元
訂閱人數 68 人	32 人

我們往往會去注意非常簡單易懂的東西，從相對的角度去做判斷。如果當中還藏著誘餌，狀況就會變得更加複雜。今後若要迅速做出決定就必須留意這一點。

參 考 文 獻

Dan Ariely, "Predictably Irrational", Harper, 2010.〔繁體中文版：丹・艾瑞利（周宜芳、林麗冠、郭貞伶譯）《誰說人是理性的！消費高手與行銷達人都要懂的行為經濟學》天下文化。〕

Dan Ariely and Jeff Kreisler, "Dollars and Sense: How We Misthink Money and How to Spend Smarter", Harper, 2017.〔繁體中文版：丹・艾瑞利、傑夫・克萊斯勒（李芳齡譯）《金錢心理學：打破你對金錢的迷思，學會聰明花費》天下文化。〕

Eldar Shafir, "The Behavioral Foundations of Public Policy", Princeton Univ Press, 2012.

Itamar Simonson and Amos Tversky, "Choice in Context: Tradeoff Contrast and Extremeness Aversion", Journal of Marketing Research: 29, August, 281-95, 1992.

友野典男《行動経済学：経済は「感情」で動いている》光文社（光文社新書），2006年。〔繁體中文版：謝敏怡譯《有限理性：行為經濟學入門首選！經濟學和心理學的共舞，理解人類真實行為的最佳工具》大牌出版。〕

從行為經濟學

從統計學

從資訊科學

賭資效應
House Money Effect

意 思	非勞動所得或臨時收入，比自己賺的收入更容易花掉。

關 聯	心理帳戶（→第22頁）

得到意外之財就馬上花掉的心理

錢本來並無顏色之分，不過如同前述，我們會在心中幫錢分類，這種偏誤稱為心理帳戶。而在心裡的分類或會計科目中，**像非勞動所得或臨時收入這類突然得到的錢則會大膽地花掉**，這種現象稱為**賭資效應**（house money effect）。house 是指賭場，人會把在賭場贏得的錢再拿去冒險一搏，故以此命名。

有些人可能不去賭場，也不賭博，但賭資效應並非與這些人無關。因為人人都有機會意外獲得鉅款，好比說繼承遺產或資產運用收益等，這時就有可能會發生賭資效應。

經濟學上有項以賽馬為對象的研究（Thaler, 2019），該研究指出冷門馬的賠率會在當天最後一場比賽變低。這意謂著，許多人預測乏人問津的馬（也就是看起來不會贏的馬）會獲勝。這是為什麼呢？照理說應該優先考量戰績或馬的狀態才對呀。

觀察賭徒的心理活動

賭博的實驗很難施行。因為，受測者若在實驗中賭贏了，實驗者會將賭贏的錢當作協助實驗的謝禮支付給對方，但如果賭輸了，即便受測者提供了協助，仍舊得要他們自行拿錢出來。所以實驗者費了一番工夫，進行好幾次實驗，才得以選出受測者能賭贏的遊戲。

然後在受測者賭贏 30 美元的狀態下，請他們從以下的賭博二選一（Thaler, 2019）。

① 有 50%的機率得到 9 美元，有 50%的機率失去 9 美元。
② 什麼也得不到。

稱②為賭博感覺有點奇怪，不過以「有 100%的機率得到 0 美元」這個意思來說符合賭博的形式。

前者的賭博可期待的理論價值（長期挑戰時可得的平均值或期望值）為 0 美元。換言之如果挑戰 2 次的話，以機率來說 1 次是正面，可得到＋9 美元，1 次是反面，可得到－9 美元。因此我們可以認為，這個賭博賭 1 次可以期待的獎金是 0 美元。

雖然 2 種賭博可以期待的獎金都是 0 美元，但有 7 成的受測者選擇①。因為他們有 30 美元的臨時收入，就算賭輸了也還能帶回 21 美元。這種情況正是賭資效應。

反之，如果是在輸了 30 美元的狀態下會怎麼選擇呢？雖然跟前述一樣提出 2 種賭博，但有 6 成的人不挑戰賭一把。推測是因為就算賭贏了，也拿不回賭輸的 30 美元。所以，與其賭輸損失 39 美元，不如選擇什麼事都不會發生的②。

有趣的是在輸了 30 美元的狀態下，提出收支有機會打平的賭博時受測者所做的選擇。

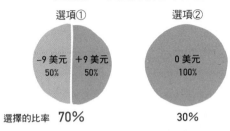

在賭贏 30 美元的狀態下挑戰

選項①

−9 美元 50% / +9 美元 50%

選項②

0 美元 100%

選擇的比率 **70%** 　　　　**30%**

兩者的期望值都是 0，但受測者偏好賭博。
這正是賭資效應。

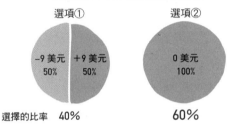

在賭輸 30 美元的狀態下挑戰

選項①

−9 美元 50% / +9 美元 50%

選項②

0 美元 100%

選擇的比率 **40%** 　　　　**60%**

就算賭贏收支也不可能打平，
故呈現不想賭博的傾向。

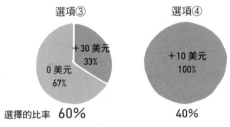

在賭輸 30 美元的狀態下挑戰

選項③

+30 美元 33% / 0 美元 67%

選項④

+10 美元 100%

選擇的比率 **60%** 　　　　**40%**

如果賭贏收支就有機會打平，因此挑戰者變多。
出現損益兩平效應的影響。

③　有 $\frac{1}{3}$ 的機率得到 30 美元，有 $\frac{2}{3}$ 的機率什麼也得不到。

④　一定可以得到 10 美元。

　　兩者可期待的獎金都是 10 美元，但有 6 成的人選擇冒險賭一把。因為只要賭贏就可以抵銷−30 美元，就算賭輸狀況也不會繼續惡化。④一定可以得到 10 美元，故能夠減輕傷害，但看得出來③的賭博結果有望讓收支打平。這稱為**損益兩平效應**（break-even effect），在金融專家身上也看得到這種狀況。

　　有人針對芝加哥的國債期貨交易，調查上午的收益狀況與下午的交易傾向，結果發現上午收益不理想的交易員，到了下午冒險的交易就會變多（筒井＆山根，2012）。

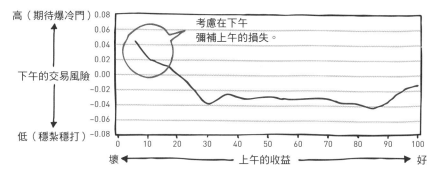

在芝加哥國債期貨交易上見到的損益兩平效應

考慮在下午
彌補上午的損失。

出處：JOSHUA D. COVAL, TYLER SHUMWAY, "Do Behavioral Biases Affect Prices?"
The Journal of Finance, Volume60, Issue1, February 2005, Pages 1-34

非勞動所得與勞動所得有什麼不同？

金額與價值完全不成比例。

舉例來說，**若比較得到 1 萬元的價值（喜悅）與失去 1 萬元的價值（損失感），失去的感覺會更加難受**（損失規避→第 42 頁）。但是，**失去意外得到的收入（非勞動所得）時，感覺卻不如失去自己賺的所得時那般難過**（筒井等，2017）。因此推測，此時人較沒有回避損失或將損失最小化的念頭。

無論是勞動所得還是非勞動所得，兩者都是所得。但是，非勞動所得卻很容易就花掉。不光是賭徒與遺產繼承人，每月收入不穩定的人與經營副業的人也要留意這種效應。

參考文獻

Richard Thaler, "Misbehaving: The Making of Behavioural Economics", W. W. Norton & Company, 2015.〔繁體中文版：理查‧塞勒（劉怡女譯）《不當行為：行為經濟學之父教你更聰明的思考、理財、看世界》先覺。〕
川西諭《知識ゼロからの行動経済学入門》幻冬舍，2016年。
筒井義郎、佐々木俊一郎、山根承子、Grzegorz Mardyla《行動経済学入門》東洋経済新報社，2017年。
筒井義郎、山根承子《図解雑学 行動経済学》Natsume社，2011年。

金錢、健康……有無符號效應，對人生
可能會有很大的影響。

符 號 效 應
Sign Effect

意　思	面對未來能收取的報酬時態度很急躁，但面對損失時態度卻沒那麼急躁。
關　聯	現時偏誤（→第38頁）

你 的 急 躁 程 度 所 代 表 的 意 義

「現時偏誤」（→第38頁）一節提到，面對不久之後與很久以後的報酬，人往往偏好不久之後的報酬。至於本節要討論的，不是未來可以得到錢的狀況，而是未來失去錢的狀況。

請問，你會如何回答以下的問題呢？

① 本來 1 個月後你可以得到 100 萬元，現在對方希望你延後 1 年再拿。請問你至少會要求多少利息？（如果對方不答應這個要求，你就會拒絕延後。）

② 本來 1 個月後你要支付 100 萬元，現在你希望延後 1 年再給。請問你要再加上多少利息？

能得到的利息當然是愈多愈讓人開心。而這個利息，代表了你判斷要不

針對 2 個問題的回答

	回答值
得到錢時 （問題①）	1.16% 大幅低估
失去錢時 （問題②）	0.22% 不太低估

有符號效應的人之特徵

〔得到錢時〕
將很久以後的好事轉換成現在的價值
　→變小
　→眼前其他快樂的事更有價值

〔失去錢時〕
將很久以後的壞事轉換成現在的價值
　→不會變小
　→覺得不愉快的事物似乎現在就存在
　→會努力去消除

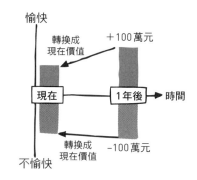

要等 1 年的界線。例如回答 5％的話，就代表「如果利息不滿 5％，自己就等不了 1 年，想要馬上拿到錢」，以及「如果利息有 5％以上就願意等」。因此，回答的利息較高者態度很急躁，回答的利息較低者則有耐心。這個問題要注意的重點是，①與②回答值的差異。以大阪大學的實驗結果來說，得到錢時的利息平均為 1.16％，失去錢時的利息則為 0.22％。

像這種**正時（得到）與負時（失去）的急躁程度大不相同的現象**，稱為**符號效應**。

特別要注意的是失去的時候。很久以後的壞事（支出金錢），就算轉換成現在價值也不會變得多小。也就是說，感覺跟立刻支付沒兩樣。因此可以說，**有符號效應的人為了回避這種不快感或損失感，往往會認真思考償還計畫或對策**。

▌沒 有 符 號 效 應 的 人 ， 人 生 會 有 麻 煩 ？

有符號效應的人，在意未來的支出更勝於未來的收入，所以會盡量回避未來的壞事。

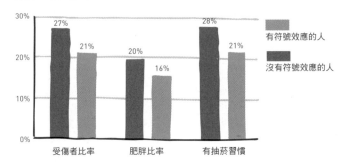

符號效應與行為

- 有符號效應的人
- 沒有符號效應的人

沒有符號效應的人之特徵

〔失去錢時〕
將很久以後的壞事轉換成現在的價值
　→跟得到時一樣會變小
　→對不愉快的事物感覺沒那麼不愉快
　→提不起勁去消除

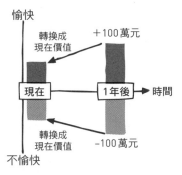

　　不過，**世上也存在沒有符號效應的人。這種人無論失去時或是得到時都一樣會大幅低估價值，因此往往不怎麼在意未來的損失**。大阪大學所做的大規模問卷調查，即明確地顯示這項事實。

　　這項調查將調查對象分成有符號效應的人與沒有符號效應的人，然後詢問他們有關生活行為與習慣等問題。結果發現，**跟沒有符號效應的人相比，有符號效應的人負債、肥胖、有抽菸習慣的比率很低**。這顯示他們會回避未來發生的損失。換言之，他們把肥胖與抽菸視為未來的健康損失，努力回避這些狀況。

　　反觀**沒有符號效應的人，則輕忽未來的金錢損失或健康惡化等情況，故負債、肥胖、有抽菸習慣的比率偏高**。

從神經科學看有符號效應的人與其他人之間的差異

只要讓人在 fMRI 裝置裡，進行測量急躁程度的測驗，就能觀察測驗期間的大腦活動。

觀察之後發現，能夠得到報酬時，有符號效應的人與沒有符號效應的人看不出差異。但是損失時，有符號效應的人與沒有符號效應的人，其紋狀體與島葉領域呈現相反的活動。粗略來說，有符號效應的人對損失有很大的反應，沒有符號效應的人則沒有這類反應。

另外，若以衝動這一觀點來看急躁程度，精神疾患也是研究對象之一。實際上，比較注意力不足過動症（ADHD）的患者群體與健康者群體後發現，在患者群體當中看不到符號效應。此外，面對損失的大小，患者的紋狀體與杏仁核的活動不同於健康者。

只要像這樣釐清衝動行為的機制，就有望應用於治療，以及解決肥胖、多重債務等社會問題。

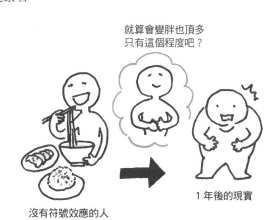

就算會變胖也頂多只有這個程度吧？

沒有符號效應的人

1 年後的現實

參考文獻

池田新介《自滅する選択：先延ばしで後悔しないための新しい経済学》東洋経済新報社，2012年。

田中沙織、大竹文雄《意思決定における報酬と損失の異質性とその脳基盤》行動経済学，第12卷，185-189，2019年。

筒井義郎、佐々木俊一郎、山根承子、Grzegorz Mardyla《行動経済学入門》東洋経済新報社，2017年。

那些保持初始設定、不自行選擇的人所
受到的影響。

17

預設值效應

Default Effect

意　思	複雜的選擇或狀況需要動腦思考，因而決定保持最初的設定或狀況就好的傾向。

關　聯	框架效應（→第54頁）

塑膠購物袋是預設選項？

飛機或新幹線商務車廂座椅背面的置物袋，裡面通常都會放入雜誌或型錄等宣傳物。有些人會拿起來翻閱之後再放回去，也有些人會將它們帶回家吧。這裡想請問會拿起這類物品的人，如果一開始置物袋裡面沒有放入任何東西，你會麻煩空服員或車廂服務員拿過來嗎？我想絕大多數的人應該都不會這麼做才對。

由此可見，**初始狀態會影響人的行為**，這稱為**預設值效應**。預設值是指一開始設定好的狀態或條件。由於行為會隨自己所處的狀態而變，所以預設值效應可以認為是框架效應的一種。

說到預設值，日本近幾年發生的

請問要加購
塑膠購物袋嗎？

付費

最大一個變化，就是塑膠購物袋改為收費制（2020 年 7 月實施）。之前就算不主動要也會免費給的東西，變成得主動索取而且還要付費。雖說改為收費制也有影響，不能全算是預設值效應的功勞，不過塑膠購物袋拒用率已達 7～8 成，日本國內的塑膠購物袋流通量也從 20 萬噸左右（2019 年）減少到 10 萬噸左右（2021 年）。

最 有 名 的 預 設 值 效 應

　　最有名的預設值效應實例，就是器官捐贈同意卡或同意書的格式。下圖為歐洲各國的器官捐贈同意率，當中有國家的同意率超過 90％，也有國家的同意率很低。捐贈率的差距，並非源自文化、宗教等因素，而是表達意願的方式。

　　同意率低的國家，採取的是由同意捐贈器官的人主動勾選的方式。這種方式稱為**選擇加入（Opt-in）**。沒勾選的人，則是不願意捐贈，或是漏看了這個項目。反觀同意率高的國家，則是以願意捐贈器官為前提，所以不願意捐贈的人要自行勾選。這種方式稱為**選擇退出（Opt-out）**。兩者都不強制要求民眾捐贈器官，只要依照自己的意願勾選就好。

歐洲的器官捐贈同意率

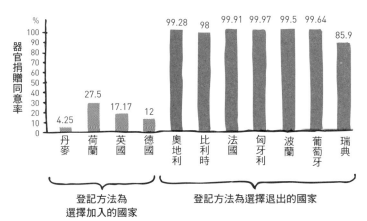

出處：根據 Johnson & Goldstein（2003）製作。

備 考

以下の部分を使用して臓器提供に関する意思を表示することができます（記入は自由です。）。
記入する場合は、1から3までのいずれかの番号を○で囲んでください。
1. 私は、脳死後及び心臓が停止した死後のいずれでも、移植のために臓器を提供します。
2. 私は、心臓が停止した死後に限り、移植のために臓器を提供します。
3. 私は、臓器を提供しません。
《1又は2を選んだ方で、提供したくない臓器があれば、×をつけてください。》
【心臓・肺・肝臓・腎（じん）臓・膵（すい）臓・小腸・眼球】
〈自筆署名〉
〈署名年月日〉　　　年　　　月　　　日
［特記欄：　　　]

駕照背面的器官捐贈意願欄。
日本是採選擇加入的方式。

各位可以把自己的健保卡或駕照拿出來看看。日本是採選擇加入的方式。請問你勾選了嗎？有勾選的人應該不多。實際上，根據日本內閣府於 2017 年進行的調查，未勾選者高達 85％（有效回答人數：1911）。也就是說，大多數的人既不同意也非拒絕，但這種情況並不視為同意。

我們想逃避判斷的 3 個原因

為什麼日本人不勾選同意，而是保持一開始的設定呢？可以想到的原因有 3 個。

第 1 個原因是**維持現狀偏誤**（status quo bias）。變更之後有可能發生好事，但也有可能發生壞事。因為想要避免狀況變得比現在更糟，才會決定維持原狀。

第 2 個原因是信賴目前的設定狀態。請各位回想一下，自己頭一次接觸智慧型手機或電腦時的情形。當時應該會擔心，要是更改了設定，裝置有可能無法恢復原狀。由於一般人大多認為「服務供應商已經幫自己做好基本的建議設定」，就算保持初始設定一樣能進行最基本的操作，所以才會直接使用不做任何更改。

第 3 個原因是根本就沒有深入思考問題。要如何變更、跟其他選項相比哪個才是真正最適當的選項等等，考慮這些問題固然重要，但也非常麻煩。尤其是關於器官移植這件事，還得要考慮到自己的家人、葬禮儀式等各方面事宜，故要做決定得勞神費力，亦是一種負擔。所以，日本人才會想要逃避判斷。

預設值效應十分強大，要多加留意

光是變更標示方法就能改變行為的實例還不少。

舉例來說，南非某家醫院的產檢包含 HIV（人類免疫缺乏病毒）檢查。孕婦有權拒絕檢查，不過該醫院將檢查設為預設選項，故 98％的孕婦都接受這項檢查。另外，日本為了抑制醫療支出的增加，曾推廣專利權到期的學名藥，但由於未能普及，2008 年便變更了處方箋的格式。醫師若想開立之前的原廠藥，就必須在「不可變更為學名藥」欄位簽名，也就是以學名藥為預設選項。由於還有診療報酬上的支持，無法一概說是預設值效應的影響，不過學名藥市占率確實從 32％（2005 年）上升至 79％（2021 年）。

預設值效應的影響既簡單又強大。

因此，中央政府、地方政府與企業大多會採用這種手法。不過此時必須小心設定，因為隨便設定，有可能給使用者或消費者帶來道德上或經濟上的損失。

另外，使用者若是想都沒想就下判斷也很危險。初始設定的內容五花八門，故沒有一定的防備對策。不過，只要肯動腦思考，或是置換成不同的表現方式，應該就能恢復冷靜進行判斷吧。

參考文獻

Eric Johnson and Daniel Goldstein, "Do Defaults Save Lives?", Science: 302, 1338-1339, 2003.

大竹文雄《あなたを変える行動経済学：よりよい意思決定・行動をめざして》東京書籍，2022年。

筒井義郎、佐々木俊一郎、山根承子、Grzegorz Mardyla《行動経済学入門》東洋経済新報社，2017年。

不想怨歎「免費的最貴」就該注意的事。

零元效應
Zero Price

意 思	不用花錢，商品或服務看起來就更有吸引力。

關 聯	損失規避（→第42頁）

世人都抗拒不了免費或「零」字

　　人對免費這 2 個字的抵抗力非常弱。例如分期零利率免手續費、免運費、工資免費、免費加量……等等，此外還有加上「零」字的零醣、零熱量等，社會上充斥著以免費或「零○○」為噱頭的商品與服務。

　　免費與零若換個說法，就是「比 1 小 1 的數」。但「比 2 小 1」時，意思就明顯不同了。這種**零元效應**，對我們的心理或行為有多大的影響呢？一起來看看以下的實驗吧。

　　實驗者準備了高級巧克力品牌瑞士蓮（Lindt）的松露巧克力（15 美分），以及平價巧克力品牌好時（Hershey's）的 Kisses 巧克力（1 美分），並放上看板規定「每人限購 1 個」之後開始販售。結果有 73％的人選擇瑞士蓮的松露巧克力。畢竟能用 15 美分買到有高級感的瑞士蓮巧克力，這也是理所當然的結果吧。

　　假如這時，將雙方的價格各調降 1 美分，再進行同樣的實驗，結果會如

何呢？結果有 69％的人選擇好時巧克力。

商品的品質分明一樣，只是雙方價格同樣調降 1 美分而已，這樣就足以讓受測者的喜好改變。

這個問題用天秤來想像就很好理解了。假設天秤的秤盤分別放上 15 克和 1 克的砝碼，就算兩邊的砝碼各移走 1 克，天秤的狀態也不會有變化。換言之，既然能用比第 1 次實驗便宜 1 美分的價格（14 美分）買到瑞士蓮巧克力，照理說結果應該一樣才對。據說後來到另一個地方再做一次同樣的實驗，結果還是免費的好時巧克力吸引到一大群人。

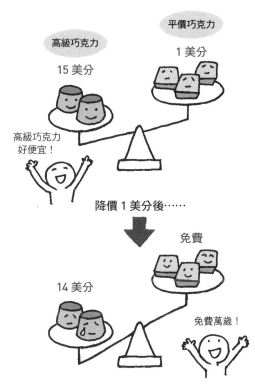

免費是一張安全牌

除了「零元購買」外，還有人做了免費交換的實驗。

這項實驗是以小孩子與美國知名大學麻省理工學院的學生為對象，一開始先給他們 3 個 Kisses 巧克力（1 個 4.5 克），然後再開始實驗。

實驗者給受測者 2 個選項。

① 用 1 個 Kisses 巧克力交換小條士力架（30 克）。
② 用 2 個 Kisses 巧克力交換大條士力架（60 克）。

這時，①可以得到 39 克的巧克力，②可以得到 64.5 克的巧克力。多數受測者選擇②。畢竟能得到許多巧克力，這是很妥當的判斷。

接著將選項變更成以下的免費條件。

③　可免費得到 1 個小條士力架（30 克）。
④　用 1 個 Kisses 巧克力交換 1 個大條士力架（60 克）。

③可得到 43.5 克的巧克力，④可得到 69 克的巧克力，但是許多人選擇前者。看來無論是購買還是交換，免費都有某種吸引人的魔力。

購買與交換本來就有風險。好比說買到的零食沒有想像中好吃，或是在市集換來的衣服有髒汙等等，所以也有可能得到不滿意的結果。這種時候就會後悔，自己既沒得到期待的東西，還浪費了支付的費用。

不過，如果是可以免費得到的情況呢？由於不用花錢就能獲得，即使踩到地雷也沒有實質損失。

▋追 逐 「 零 〇 〇 」 的 危 險 性

從以上的實驗可以看出，**人有著追逐免費或「零〇〇」的傾向**。

我們的身邊存在著全面主打零熱量、零醣的食物。其實日本的食品標示法規定，**無論食品或飲料，只要每 100 克未滿 5 大卡就可標示為「零卡路里」或「零熱量」**（台灣則規定不超過 4 大卡可標示為零）。假如明明可以標示為零熱量，卻誠實地大大標示「2 大卡」，請問你會拿起這項商品嗎？如果品質一樣，你應該會拿起零熱量商品吧。由此可見，零給人的印象是特別的。

不過追逐免費，也有可能被迫負擔意外的支出。舉例來說，看到免費退貨、免費體驗、首年免年費等廣告詞時，最好先停下來仔細想一想。雖說試用之後不滿意的話退貨就好，或是體驗結束後直接離開就好，但現實往往沒那麼簡單。這種情況就類似試吃之後會覺得必須買 1 個才行，或是跟超商借廁所後，會覺得必須買 1 條口香糖才行。這是**回報性**的效果，當他人對我們

親切時，我們也會以親切回報對方。

另外，像訂閱或年費若使用自動扣款的方式，就算你幾乎沒在使用，一不注意就有可能一直繳費下去。

當然，生意人會拿「免費」或「零」當作入口，就是盤算著之後能夠獲利。一旦踏進去，我們就會因為回報性的效果而難以逃脫，因此務必記得「免費的最貴」這個道理。

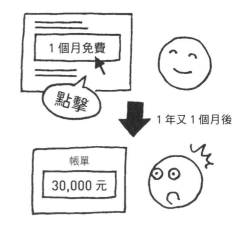

參 考 文 獻

Dan Ariely, "Predictably Irrational", Harper, 2010.〔繁體中文版：丹‧艾瑞利（周宜芳、林麗冠、郭貞伶譯）《誰說人是理性的！消費高手與行銷達人都要懂的行為經濟學》天下文化。〕

William Poundstone, "Priceless: The Myth of Fair Value", Hill and Wang, 2010.〔繁體中文版：威廉‧龐士東（連緯晏譯）《洞悉價格背後的心理戰：諾貝爾經濟學獎得主、行為經濟學之父都這樣思考！點燃欲望的心理操縱，掌握訂價、決策、談判的57項技術》大牌出版。〕

阿部誠《ビジネス教養 行動経済学（サクッとわかるビジネス教養）》新星出版社，2021年。〔繁體中文版：謝敏怡譯《秒懂行為經濟學：從人性下手，掌握非理性消費，行銷無往不利！》本事出版社。〕

正因為現在物價變動劇烈，更要注意年金與資產的實質價值。

貨幣幻覺
Money Illusion

意　思	不考慮物價變動，只對眼前的調薪等名目價值產生反應的經濟活動。名目價值的影響比實質價值還大。
關　聯	錨定效應（→第14頁）、沉沒成本謬誤（→第18頁）

你只注意表面上的調薪嗎？

　　薪水增加是很令人開心的事。但是，我們對這件事的感受或看法，會隨物價這個外在因素而改變。如果是以下的狀況，請問你能夠接受嗎？還是會覺得不公平呢？

　　A 狀況：減薪 7%（38%接受，62%不公平）
　　B 狀況：生活周遭的產品價格全部調漲 12%，但薪水調漲 5%
　　　　　　　（78%接受，22%不公平）

　　A 狀況有 62％的人表示不滿，B 狀況則只有 22％的人表示不滿（Kahneman, et al., 1986）。

　　這裡以月薪 20 萬元、1 個月的生活費 20 萬元的家庭為例，分析上述 2 種狀況。結果如下表。

	A 狀況 薪水調降7%、物價不變的世界	B 狀況 薪水調漲5%、物價上漲12%的世界
接受的人比率	38%	78%
原本的月薪	$200,000	$200,000
原本的 1 個月生活費	7%　$200,000	5%　$200,000
薪資談判後的月薪	DOWN　$186,000	UP　$210,000
物價上漲率	0%	12%
物價上漲後的生活費	$200,000	$224,000
1 個月的收支	$-14,000	$-14,000

也就是說 A 狀況與 B 狀況是一樣的。由於表面上的加薪 5％太吸引目光，大部分的人才會不去注意薪資的實質購買力。

購買力是指，薪資的金額可以買到多少物品與服務。所以勞工若要進行薪資談判，當物價上漲率為 2％時就不能只滿足於加薪 2％，因為這樣一來生活等於完全沒有改變。如果當薪水調漲 3％時，實質加薪幅度才終於達到 1％。

像這種**比起實質價值或數值，更重視名目價值或數值的現象**，就稱為**貨幣幻覺**。

表面上的數值（名目）VS.真正的價值（實質）

談到貨幣幻覺時，大多會一併提及前述的物價上漲率（通膨率）。不過，這種現象是在評估真正的價值時受到表面上或過去的數值影響，故可以認為是一種錨定效應或沉沒成本效應。

再舉一個更貼近我們的商品為例吧。假設你之前以 1 瓶 20 美元的價格買進葡萄酒，之後葡萄酒漲價到 75 美元。倘若現在要打開這瓶酒，你覺得它有多少價值？

從事財會或零售業的人通常會注意進貨價格，因此他們應該會回答 20 美元吧。而根據調查，有大約一半的人回答免費，或是覺得賺到了（Shafir, et al., 1997）。

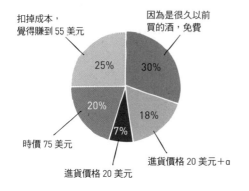

從 20 美元漲到 75 美元的葡萄酒有多少價值？

- 扣掉成本，覺得賺到 55 美元 25%
- 因為是很久以前買的酒，免費 30%
- 時價 75 美元 20%
- 進貨價格 20 美元 7%
- 進貨價格 20 美元＋α 18%

反觀經濟學家則選擇 75 美元。因為，如果要賣掉這瓶葡萄酒，很快就能用 75 美元找到買家。無法認同這瓶酒值 75 美元的人，請想像這瓶酒在眼前摔破的畫面。這時你一定不會說：「浪費了 20 美元的葡萄酒……」應該會愣在原地說：「浪費了 75 美元的葡萄酒……」假如你的反應是後者，就表示你承認它有 75 美元的價值。

大腦是如何判斷的？

說起貨幣幻覺的發生原因，通常想到的是「計算很複雜或很麻煩，所以憑直覺判斷」。但是，有人想讓數學很好的學生注意到實質價值而出題測試他們，結果還是一樣（Poundstone, 2010）。

運用腦科學手法的研究也證明了這個現象。

研究者先請受測者進行某項實驗，讓他們獲得答謝金。不過，這份報酬並非直接給現金，而是要他們兌換型錄上的商品（書籍與戶外用品等 120 項商品）。接著，比較這時大腦對以下①與②這 2 項條件的反應。

條件①：用報酬金額兌換型錄中的商品。
條件②：報酬金額是①的 1.5 倍，兌換的型錄商品金額也提高 1.5 倍。

值得注意的是，條件②名目上的報酬是 1.5 倍，兌換的商品價格也是 1.5 倍，因此實質上跟條件①毫無不同。但是，當名目上的報酬增加到 1.5

倍時，腹內側前額葉皮質（vmPFC）這個部位會變得比較活躍。

這個部位屬於獎勵系統領域，獲得報酬時與應該能獲得報酬時就會變得活躍。這個結果意謂著，即便是應該能獲得等值商品的情況，一樣是表面上的數值較大者更令人開心，神經科學也暗示貨幣幻覺確實存在。我們往往會注意名目上的金額或表面價值，忽略實質價值。尤其近幾年物價波動顯著，更要留意年金與資產的動向。

最後就以罰金為例，想一想是否有可能不符合目前的物價水準吧。

根據日本鐵路營業法的規定，擅闖鐵軌與平交道等區域所罰的罰金不到1 萬日圓。請問這個金額適當嗎？明治 33 年（1900 年）當時的罰金是 10 日圓以下，現在則依照臨時措施法提高到 1 萬日圓。不過，在夏目漱石的小說《少爺》（明治 39 年）中，當時的數學老師月薪是 40 日圓，由此看來現在的罰金相當低。物價果然還是不能忽視的。

參考文獻

Daniel Kahneman, Jack Knetsch and Richard Thaler, "Fairness as a Constraint on Profit Seeking: Entitlements in the Market", American Economic Review: 76, 728-741, 1986.

William Poundstone, "Priceless: The Myth of Fair Value", Hill and Wang, 2010.〔繁體中文版：威廉・龐士東（連緯晏譯）《洞悉價格背後的心理戰： 諾貝爾經濟學獎得主、行為經濟學之父都這樣思考！點燃欲望的心理操縱，掌握訂價、決策、談判的57項技術》大牌出版。〕

Eldar Shafir, Peter Diamond, Amos Tversky, "Money Illusion", Quarterly Journal of Economics: 112, 341-374, 1997.

Richard Thaler, "Misbehaving: The Making of Behavioural Economics", W. W. Norton & Company, 2015.〔繁體中文版：理查・塞勒（劉怡女譯）《不當行為：行為經濟學之父教你更聰明的思考、理財、看世界》先覺。〕

Bernd Weber, Antonio Rangel, Matthias Wibral, and Armin Falk, "The Medial Prefrontal Cortex Exhibits Money Illusion", Proceedings of the National Academy of Sciences: 106, 5025-8, 2009.

從行為經濟學

從統計學

從資訊科學

覺得勝率80％很低、覺得勝率20％很高
的詭異錯覺。

機率權重函數
Probability Weighting Function

意 思	將告示的機率，轉換成主觀機率的式子（函數）。一般而言低機率往往讓人覺得很高，高機率往往讓人覺得很低。

關 聯	確定性效應（→第46頁）

人並非總是追求高機率

若要用一句話來說明**機率權重函數**，那就是：我們**不會老實地接受告示的機率數字**。這是怎麼回事呢？我們來看看以下的實驗。

這項實驗要求 100 位受測者，從以下的旅遊抽獎二選一（Kahneman & Tversky, 1979）。

① 有 50％的機率抽中 3 週環遊 3 個國家。
② 有 100％的機率抽中 1 週國內旅遊。

結果，大約 8 成的人選擇一定會中獎的②國內旅遊。
接著，將機率分別改成 5％與 10％，旅遊內容則不變。

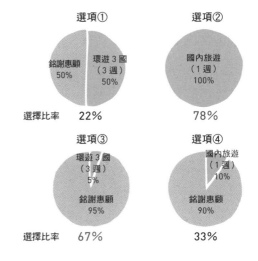

③ 有 5％的機率中 3 週環遊 3 個國家。

④ 有 10％的機率抽中 1 週國內旅遊。

選項① 選項②

銘謝惠顧 50% ／ 環遊 3 國（3 週）50%

國內旅遊（1 週）100%

選擇比率　22%　78%

選項③ 選項④

環遊 3 國（3 週）5% ／ 銘謝惠顧 95%

國內旅遊（1 週）10% ／ 銘謝惠顧 90%

選擇比率　67%　33%

這裡的重點是，無論是①②、③④的選項，國內旅遊的中獎機率都比國外旅遊高 2 倍。

　　結果，這次大部分的人都選擇國外旅遊。也就是說，第 1 題選擇穩贏選項的人，第 2 題並未選擇機率高的選項。這意謂著，高機率未必總是受歡迎。換句話說，就算機率很低，人也會換個看法讓自己能夠接受。

人對「機率」的感受

　　人是如何看待機率的呢？

　　下圖為告示的機率（客觀機率，橫軸），與自己看了客觀機率後認為的機率（主觀機率，縱軸）之間的關係。縱橫兩軸都是 0～100％，故呈一個正方形，對角線則以虛線表示。這條虛線代表告示的機率是 10％時，自己也老實地認為機率就是 10％。但是，從許多研究結果來看，**對人而言機率並非「客觀機率＝主觀機率」這種直線關係，而是呈現一條和緩的倒 S 形曲線（實線）。**

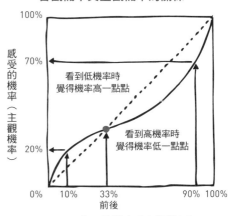

客觀機率與主觀機率的關係

感受的機率（主觀機率）

看到低機率時覺得機率高一點點

看到高機率時覺得機率低一點點

告示的機率（客觀機率）

雖然曲線的平滑程度，因實驗研究或個人屬性而異，不過大致都有以下3個特徵。

　　第 1 個特徵是，**看到低機率時會覺得機率高一點點**。

　　用極端的比喻來說，就是覺得幾乎不可能發生的事會發生。例如日本的年終 JUMBO 彩券總共銷售 4.4 億張，其中中獎金額在 300 日圓以上的彩券大約 4500 萬張，故中獎機率約 10％。反過來說，有 90％的機率是「銘謝惠顧」。而且，就算花 1320 億日圓將彩券全部買下來，總獎金才 660 億日圓左右。

　　平均來說，這是賺不了錢的彩券。但是購買的人依然大排長龍，就是因為這些人認為中獎機率高於 10％。

　　第 2 個特徵則**反倒是看到高機率時會覺得機率低一點點**。

　　「確定性效應」（→第 46 頁）一節曾提到，在有關勝負或生死的事情上，就算別人說「90％沒問題」或「絕對不要緊，放心」，自己還是會感到不安，而這正是指這種狀況。就算他人告知機率有 90％，經過機率權重函數的調整後，主觀上會覺得機率只有 70％左右，因此會感到不安也是可以理解的。

　　第 3 個特徵是，**機率為 33％左右時，主觀機率與客觀機率相等**。

　　倒 S 形曲線通過虛線的上方與下方，與虛線交會的次數只有 1 次。無論何種實驗，這種情況都是發生在客觀機率約為 3 分之 1 的時候。

機率權重函數的偏誤表現方式

機率權重函數的應用

經過機率權重函數的調整後，就算是不太可能會中獎的低機率，人也會覺得有希望中獎。除了彩券外，生活周遭還有其他的應用實例。

其中一個例子就是汽車保險。2020 年日本的交通事故約有 31 萬件，有駕照者約 8200 萬人，因此可以說車禍發生率大約是 0.4%（每 250 人就有 1 人出車禍）（資料來自日本警察廳交通局。有駕照卻不開車的紙上駕駛人數也很多，故實質機率應該會再高一點）。

彩券是幸運的人能夠獲得獎金，保險則是遇到倒楣事的人才能獲得保險金，故可算是一種不幸版彩券。這也就是說，即便是不買彩券的人，只要有加入汽車保險還是會受到機率權重函數的影響。

另外，抽獎活動也能看到機率權重函數的影響。舉例來說，假設有個活動是「消費金額達 1 萬元即可參加抽獎，獎品是〇〇」。雖然中獎機率很低，但顧客對中獎抱有很高的期待。於是，顧客就會忍不住額外花錢，使消費金額超過 1 萬元。

從以上的例子可知，人並不會老實地接受機率的數字，這代表人同時具備了悲觀與樂觀的態度。

參考文獻

Michelle Baddeley, "Behavioural Economics: A Very Short Introduction", Oxford Univ Press, 2017.

Daniel Kahneman and Amos Tversky, "Prospect Theory. An Analysis of Decision under Risk", Econometrica: 47, 263-292, 1979.

警察庁交通局《令和2年中における交通死亡事故の発生状況及び道路交通法違反取締り状況等について》，2021年。

高橋昌一郎（監修）《絵でわかるパラドックス大百科：増補第2版》Newton Press，2021年。

友野典男《行動経済学：経済は「感情」で動いている》光文社（光文社新書），2006年。〔繁體中文版：謝敏怡譯《有限理性：行為經濟學入門首選！經濟學和心理學的共舞，理解人類真實行為的最佳工具》大牌出版。〕

第 **II** 章

從統計學了解
認知偏誤

看到半杯水，
有些人會覺得「只剩一半了」，
另一方面，也有人會覺得「還有一半」。
同樣的，即便看著相同的圖表或調查結果的數值，
從中得到的訊息也是因人而異，
這是資訊接收者的自由。
但是，如果在資料公開前的過程當中，
資訊因為某些緣故而扭曲的話，
結論就會變得有點不同。
第 II 章就來看看，想要正確理解數值
就不能不知道的認知偏誤。

統計學
偏誤

不能安於平均，也不能害怕低於平均。

01

平均謬誤

Mean Fallacy

意　思	忽視實際的分布，堅信平均值周邊總是分布著許多資料。

關　聯	安斯庫姆四重奏（→第100頁）

你 能 夠 對「 平 均 」 做 出 正 確 的 解 釋 嗎 ？

　　統計學有一些方法，能夠簡單明瞭地呈現取得的資料之特徵。其中我們最熟悉的方法就是求「平均」吧。我們的生活周遭有許多冠上「平均」二字的詞彙，例如平均氣溫、平均壽命、平均股價等等。但是，**如果沒有正確理解其性質，有時就會做出錯誤的判斷**。

　　這裡就以日本全國的家庭所得資料為例，思考這個問題。根據 2019 年進行的調查，2018 年當時日本全國的平均家庭所得約為 552 萬日圓。現在請各位想一想，以下①～③的敘述當中，關於家庭所得平均值的敘述哪幾個是正確的。

① 　假如日本全國有 5000 萬個家庭，那麼全體家庭所得總額可用「552 萬日圓 ×5000 萬個家庭」來計算。

② 　將家庭所得金額由低排到高時，排在中間的金額是 552 萬日圓。

③　將各家庭所得區分成「100 萬日圓以上未滿 200 萬日圓」、「200 萬日圓以上未滿 300 萬日圓」等群組時，「500 萬日圓以上未滿 600 萬日圓」的家庭最多。

與直覺相異的資料

前面 3 項敘述中只有①是正確的。

如果覺得②與③也是正確的敘述，那就可以說是犯了**平均謬誤**吧。②與③的敘述是關於另外 2 種非平均數的數值。我們實際來看看各所得金額的家庭數分布（圖 1），了解②與③的敘述錯在哪裡。

②敘述的數值是**中位數**。中位數是指當**資料的數值由小排到大時，位在正中間的數值**。觀察圖 1 可知，中位數是 437 萬日圓，看得出來跟平均數（552 萬日圓）大不相同。

③敘述的數值是**眾數**，這是**資料當中出現頻率最高的數值**。觀察圖 1 可知，所得 200 萬日圓到 300 萬圓的家庭最多，看得出來這也跟平均數不同。

或許有人不覺得②與③是錯誤敘述。會有這種感覺是因為，他們**下意**

圖 1　各所得金額階層家庭數的次數分配

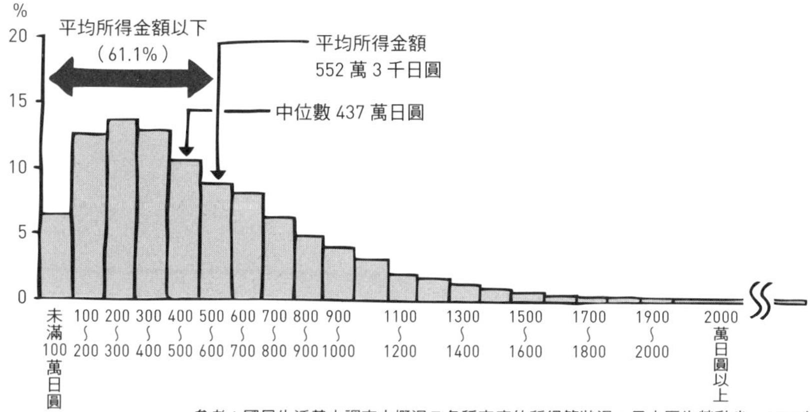

參考：國民生活基本調查之概況 II 各種家庭的所得等狀況，日本厚生勞動省，2019 年

識地假設「**資料呈左右對稱的鐘型分布，當中有許多數值接近平均數的資料**」。如果實際上資料呈現這種分布，那麼平均數、中位數與眾數就幾乎一致了。

但是，不見得所有資料都呈現這種鐘型分布。重新圖 1 觀察家庭所得的分布會發現，當中有為數不多的高家庭所得資料，故明顯不是左右對稱的鐘型分布。這種極大或極小的數值稱為**離群值**，而**離群值對平均數有很大的影響**。

▍離群值的影響

為了說明離群值對平均數的影響，我們來看看以下這個簡單的例子。

圖 2 為 9 個人的年收入，從年收入低的人開始由左排到右。

首先來看上排左右對稱的情況，9 個人的平均年收入是 400 萬元，這個金額也是中位數與眾數。那麼，如果像下排那樣，最高的年收入金額從 600 萬元變成 1500 萬元，各項數值會有什麼變化呢？

看得出來 1500 萬元明顯比其他 8 個人的年收入金額還高。但是，即便 1 個人的金額變得極大，中位數與眾數也不會改變。不過，平均數卻從 400 萬元大幅提高到 500 萬元。

像這種**包含離群值的資料，平均數會受到影響產生很大的變化，故有可能不等於整組資料最中間的數值**。

▍平均以外的數值也要觀察

假如你正在找工作，自然會想在該業界平均年收入最高的企業裡任職吧。但是，若這家公司裡含有極少數的高收入員工，平均數就會被拉高。因此，查看中位數與眾數或許比較能夠了解該公司的實際情況。

如同開頭所述，現實生活中有許多冠上「平均」的詞彙。不過，單憑這些數值不足以完整呈現資料的特徵。要防止自己根據平均做出錯誤的判斷，就得明白平均數並非總是代表資料的中位數，而且除了平均數外還有其他表現資料特徵的方法。

圖 2　如果包含極端值，平均數就會受到影響

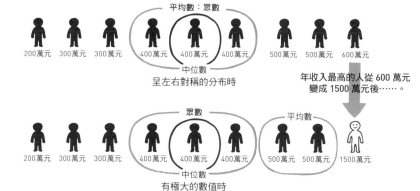

平均數：眾數

200萬元　300萬元　300萬元　400萬元　400萬元　400萬元　500萬元　500萬元　600萬元

中位數

呈左右對稱的分布時

年收入最高的人從 600 萬元
變成 1500 萬元後……。

眾數　　　　　平均數

200萬元　300萬元　300萬元　400萬元　400萬元　400萬元　500萬元　500萬元　1500萬元

中位數

有極大的數值時

參 考 文 獻

Darrel Huff, "How to Lie with Statistics", W. W. Norton & Company, 1954.〔繁體中文版：赫夫（鄭惟厚譯）《別讓統計數字騙了你》天下文化。〕

阿部真人《データ分析に必須の知識・考え方 統計学入門：仮説検定から統計モデリングまで重要トピックを完全網羅》Socym，2021年。

神永正博《不透明な時代を見抜く「統計思考力」》Discover 21，2009年。

02

安斯庫姆四重奏
Anscombe's Quartet

意　思	用來介紹平均數等統計量一致的數組資料，畫成圖表時卻呈現不同分布之現象的例子。

關　聯	平均謬誤（→第96頁）

什麼是「安斯庫姆四重奏」？

在統計學上，若要觀察資料的趨勢，就會計算平均數與**標準差**這2種數值。平均數已在上一節解說過了，至於標準差則是**表示資料離散程度的統計指標，標準差小（接近0）代表各資料的數值接近平均，標準差大則代表大小數值都跟平均有很大差距**。

表1稱為**安斯庫姆四重奏**（Anscombe, 1973），是以4組資料整理而成。A～D這4組範例資料每一組都包含了11個（x, y）數值，由各組數值計算得出的平均數與標準差則列於表1。安斯庫姆四重奏並非實際的資料，而是想像出來的虛構資料，因此並沒有明確指出 x 與 y 分別代表何種數據。為了方便各位想像，可以將 x 與 y 當成2個科目的成績，或身高和體重這類看得出關係的變數。

觀察表1會發現，A～D組 x 與 y 的平均數及標準差都是相同的數值。這時應該可以認為，A～D組的資料有相同的趨勢。

表 1 安斯庫姆四重奏

	A 組		B 組		C 組		D 組	
	x	y	x	y	x	y	x	y
平均數	9.0	7.5	9.0	7.5	9.0	7.5	9.0	7.5
標準差	3.3	2.0	3.3	2.0	3.3	2.0	3.3	2.0

　　但是，請看以 A～D 組資料繪製的圖 1。觀察這 4 張圖應該會發現，A～D 組資料的趨勢明顯不同。安斯庫姆四重奏即是**展示這種表示資料趨勢的數值一致，但分布卻完全不同的 4 組資料**。

圖1

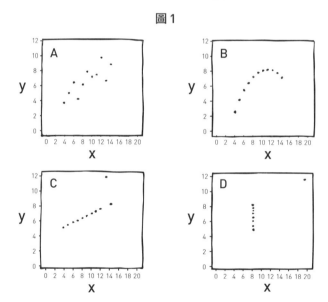

參考：Francis Anscombe, "Graphs in Statistical Analysis," The American Statistician: 27, 17-21, 1973.

光看數值無法獲得的資訊

　　為什麼要提出安斯庫姆四重奏呢？原因在於這樣的背景：跟數值計算相比，資料視覺化並未受到重視。

舉例來說，當我們在觀察圖 1 的 A 圖表時，無法從圖中看出平均數與標準差。因此過去都認為，先計算出平均數與標準差再判斷資料的趨勢是很重要的。

不過，比較表 1 與圖 1 後，各位應該能夠明白進行視覺化的意義吧。計算平均數與標準差固然重要，但鮮少有人光憑這 2 個數值就能正確判斷資料呈現什麼樣的分布。

舉例來說，觀察圖 1 的 C 圖形與 D 圖形會發現，這 2 組資料含有明顯不同於其他組資料的數值（離群值）。但是只看表 1 的話，我們不會知道當中包含離群值。只要使用圖表將資料視覺化，就能更簡單地判斷資料的分布。

▎資料視覺化的意義

安斯庫姆四重奏原本是用來說明，在統計分析上，使用圖表等工具將資料視覺化的重要性，不過資料視覺化對我們的日常生活也有很大的幫助。

以天氣預報為例，天氣預報本來就是統計學的應用領域之一，氣象機構是根據過去大量的氣象資料來預測今後的天氣。降雨機率可以說是天氣預報中運用了統計學的代表例子。

天氣預報常會使用在日本全國或局部地區的地圖上，擺放代表晴天或雨天的圖示，並標示降雨機率與氣溫等資訊的說明圖。除此之外，還有氣象雷達這類可即時觀察雨雲位置的工具。只要察看雷達回波圖，就能得知此刻正在下雨的地區，還可利用顏色判斷降雨量。

**用視覺手法呈現
無法從數據得知的資訊**

年營業額變化

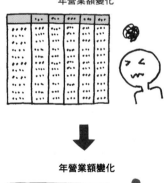

年營業額變化

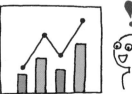

　雖然我們平常看習慣了天氣預報，但只用文字或聲音表達的話很難正確理解資訊。相反的，**只要有經過視覺化的資訊，用不著具體說明，我們也能在短時間內正確理解內容**吧。

想做出正確的判斷就要注意的事

　利用圖表將資料視覺化，即可獲得無法從數值得知的資訊。這種圖表有時是我們做判斷時的依據。

　不過，當中也有刻意為了某個目的繪製的圖表。

　例如報紙或網路新聞，有時會為了突顯具震撼力的數值或資訊而製作圖表。這種時候，讀者一定會去注意那些圖表，輕易地相信報導內容是正確的。從這種圖表獲得的資訊極有可能是錯誤資訊。除了明白資訊視覺化的重要性外，我們也應該要了解遭第三者扭曲的圖表有何種危險性。

參考文獻

Justin Matejka and George Fitzmaurice, "Same Stats, Different Graphs: Generating Datasets with Varied Appearance and Identical Statistics through Simulated Annealing", Proceedings of the 2017 CHI Conference on Human Factors in Computing Systems: 1290-1294, 2017.
神永正博《不透明な時代を見抜く「統計思考力」》Discover 21，2009年。

從行為經濟學

從統計學

從資訊科學

任何人都能輕易製作出虛假、誇大、容易混淆的長條圖。

誤用長條圖

Misuse of Bar Charts

意 思	製作錯誤的長條圖,影響觀看圖表者的判斷。
關 聯	誤用折線圖(→第108頁)、誤用3D圖表(→第112頁)、誤用圖像圖表(→第116頁)

世上存在著用來製造誤解、用來騙人的圖表

說到平常使用的圖表,相信大家都會想到長條圖、折線圖與圓形圖。這些可說是國小、國中教科書等書籍常用的一般圖表吧。

圖表的優點在於,可用一張圖呈現大量的資料,讓人能夠透過視覺方式獲得資料中的資訊。實際上,電視新聞與報紙新聞都看得到使用圖表來說明的情況。另外像是企業的廣告,有時也會將商品或服務的效果製成圖表來宣傳。

圖表就像這樣普遍運用於我們的生活當中。也因此,我們平常就會以看到的圖表作為判斷標準。

但是,有些新聞或廣告會使用令我們誤解的圖表。更可惡的還有為了欺騙我們而使用圖表的情況。**為了避免自己被誤用的圖表欺騙**,大家應該都要知道圖表有哪些該留意的重點。

本節就先來談談**誤用長條圖**的問題吧。

省略刻度的圖表

　　首先，長條圖顧名思義，就是以長條的長度表示數量大小的圖表。因此，這種圖表常用於比較數個值的情況，例如比較自家公司與其他公司的年營業額。

　　長條圖會加上刻度，以便測量長條的長度，但最常見的長條圖誤用案例，就是省略一部分的刻度。

　　這裡就使用虛構的資料舉個簡單的例子吧。

　　首先請看圖 1 的圖表。這張長條圖呈現的是販賣某產品的 A 公司、B 公司、C 公司的使用者滿意度。假設 A 公司將這張圖表用在廣告上，該廣告大大寫著「使用者滿意度第 1 名」。請問，這樣的宣傳稱得上妥當嗎？

　　觀察圖表會發現，A 公司的滿意度確實是最高的。因此，廣告宣稱的「使用者滿意度第 1 名」似乎並沒有錯。但是，檢視圖表左邊的刻度下方卻發現，起點不是 0％而是 95％，也就是說一部分的刻度被省略了。

　　接著觀察未省略刻度的長條圖（圖 2），看得出來 A 公司、B 公司、C 公司並無太大的差異。於是這時便會產生一

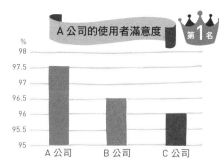

圖 1　省略刻度的圖表

A 公司看起來是其他公司的 2～3 倍，但……。

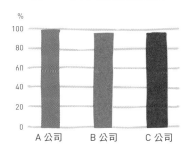

圖 2　未省略刻度的圖表

3 家公司幾乎沒有差距，故大肆宣傳
A 公司第 1 名的話感覺怪怪的。

個疑問：A 公司所宣傳的使用者滿意度差異，是否真有足以刊登在廣告上的意義。

如這個例子所示，**就算實際只有些微差距，省略刻度的話就能收到放大差距的效果**。更惡質的還有使用無刻度的圖表。要避免自己被虛有其表的圖表詭騙，就要留意圖表的刻度。

分組錯誤的長條圖

再舉一個誤用長條圖的例子，我們來看看按年齡分類的問卷結果圖表。假設圖 3 是某產品各年齡層的使用人數圖。觀察這張圖表會發現，10～20 歲年齡層的使用人數最多，故有可能讓人以為「這項產品是年輕世代在用的」。

那麼，各位看出圖 3 的長條圖哪裡誤用了嗎？

這裡要注意的重點是，橫軸的年齡分組。各個年齡層當中，只有 10～29 歲年齡層分成同一組，於是 10～29 歲年齡層的使用人數就變成最多的了。如此一來，我們無法斷定年輕使用者是否真的比其他世代還多。

不只長條圖會發生僅特定族群用錯誤方式分組的情況，圓形圖也看得到這種問題。製作出這種圖表的原因，有可能是基於「想把這項產品賣給年輕人」之類的方針，刻意製作符合方針的圖表。

圖 3　分組錯誤的圖表

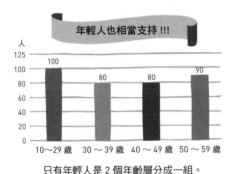

只有年輕人是 2 個年齡層分成一組。

如何避免自己誤解或造成他人誤解？

從長條圖的誤用例子可知，我們能運用省略刻度之類的方式，製作出能

輕易造成誤解的圖表，或是配合自身的主張製作圖表。不難想像這種圖表若出現在媒體上，必定會對我們的判斷造成影響。

不過，長條圖也是商業上常用的圖表。因此，平常工作時也有可能不小心製作出錯誤的圖表。畢竟無論觀察圖表還是製作圖表都有可能造成誤解，大家在面對長條圖時一定要留意。

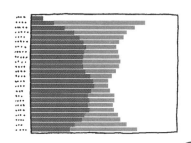

參考文獻

Alberto Cairo, "How Charts Lie: Getting Smarter about Visual Information", W. W. Norton & Company, 2019.〔繁體中文版：艾爾伯托‧凱洛（洪夏天譯）《圖表會說謊：圖表設計大師教你如何揪出圖表中的魔鬼，不再受扭曲資訊操弄》商周出版。〕

Darrel Huff, "How to Lie with Statistics", W. W. Norton & Company, 1954.〔繁體中文版：赫夫（鄭惟厚譯）《別讓統計數字騙了你》天下文化。〕

Gary Smith, "Standard Deviations: Flawed Assumptions, Tortured Data, and Other Ways to Lie with Statistics", Harry N. Abrams, 2014.〔繁體中文版：蓋瑞‧史密斯（劉清山譯）《常識統計學：拆穿混淆的假設、揪出偏差的數據、識破扭曲的結論，耶魯大學最受歡迎的十八堂公開課》日出出版。〕

你有辦法利用折線圖呈現出正確的變化嗎？

04

誤用折線圖

Misuse of Line Charts

意　思	製作會讓他人誤解的折線圖。
關　聯	誤用長條圖（→第104頁）、誤用3D圖表（→第112頁）、誤用圖像圖表（→第116頁）

用來呈現數值變動的折線圖

據說在氣候暖化的影響下，地球出現了海平面上升與異常氣象頻繁發生等問題。

那麼，若要確定暖化是否真的持續惡化，就需要長期觀察氣溫的變化。折線圖便是想觀察這種隨時間變動的數值時會使用的圖表，跟長條圖一樣經常用於電視、報紙、企業的廣告等等。

不過，這些資訊當中也存在著**由於錯誤的使用方式而讓我們產生誤解的錯誤折線圖**。

刻度應該以0為起點嗎？

折線圖跟長條圖一樣，都有表示數值的刻度。因此，一般人往往以為折線圖跟長條圖一樣，刻度應該以0為起點，其實折線圖的刻度不見得一定要以0為起點。

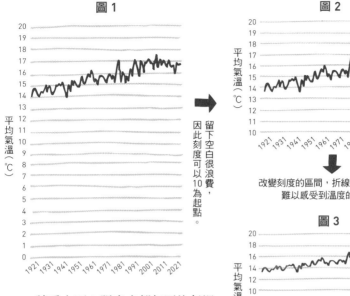

圖 1

平均氣溫（℃）

留下空白很浪費，因此刻度可以 10 為起點。

改變刻度的區間，折線就變得平坦，難以感受到溫度的變化。

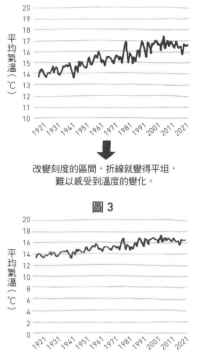

圖 2

平均氣溫（℃）

圖 3

平均氣溫（℃）

　　請看上面 2 張東京都年平均氣溫的變化圖（圖 1、圖 2）。圖 1 是以攝氏 0 度作為圖表刻度的起點，圖 2 縱軸的刻度則以 10 度為起點。

　　不過看得出來，儘管刻度的起點不同，數值的變動本身並無變化。換言之，就算刻度的起點不是 0，圖表的解釋也不會有所改變。而且，圖 1 以 0 為起點，導致圖表多出一大片沒必要的空白，因此這種時候省略刻度反而比較好。

　　不過，折線圖的刻度區間若是改變就必須留意。圖 3 是變更了圖 1 刻度區間的折線圖。觀察圖 3 會發現，這時數值的變化量變小了。雖然圖 1 與圖 3 是用同一份資料製作圖表，但刻度區間不同，故圖表的解釋有可能會不一樣。

　　另外，折線圖的橫軸刻度也要留意。橫軸主要用來代表年月等時間。扭曲橫軸的刻度，能夠給人異於實際變動的印象。

　　請看下一頁虛構的某商品年銷售額圖（圖 4）。看得出來 1 月到 7 月的

銷售額是上升的，之後到 11 月為止都是減少的。

　　接著來看省略圖 4 橫軸中 8～11 月這 4 個月的折線圖（圖 5），雖然是用相同的資料製作圖表，但看得出來圖 5 跟圖 4 明顯不一樣吧。

　　省略橫軸的一部分後，銷售額的減少就不會反映在圖表上，能讓圖表看起來像是銷售額持續增加。

　　就像這個例子一樣，恣意省略橫軸，會使本來該有的變動被隱藏起來。**觀察折線圖時，不光是縱軸，橫軸也要留意才行。**

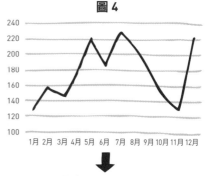

圖 4

省略 8～11 月，就會給人持續成長的印象。

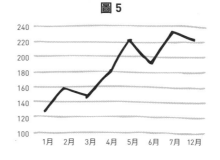

圖 5

招 來 誤 解 的 雙 軸 圖

　　當我們想將氣溫與降雨量這類單位不同的 2 種數量放在同一張圖表裡時，就會使用雙軸圖。雙軸圖顧名思義，就是左右兩邊都有數量軸的圖表。這種圖表有時也會造成誤解。

　　請看圖 6，這是虛構的 A 產品與 B 產品銷售額圖。接著，請你從這張圖表判斷，A 產品與 B 產品何者的銷售額比較高。

　　首先，我們能夠從圖表得知的是，A 產品的銷售額逐漸減少，B 產品則是逐漸增加。此外，從 2015 年起 B 產品的銷售額看起來似乎高於 A 產品的銷售額。

　　但是，觀察這張圖表左右兩邊的刻度，應該會發現兩者的數值有很大的差異。只要察看兩邊的刻度，便能得知 B 產品的銷售額不到 A 產品銷售額的一半。

　　就像這個例子一樣，**雙軸圖能讓資料看起來像是發生了不存在的逆轉**。

為什麼會出現這種現象呢？以這個例子來說，原因就在於使用雙軸圖來比較銷售額這個相同單位的數量。

如同前述，雙軸圖是用來將氣溫與降雨量這類單位不同的數量放進同一張圖表裡。因此，如果要比較 A 產

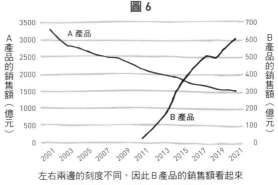

圖 6

左右兩邊的刻度不同，因此 B 產品的銷售額看起來像是後來居上，追過 A 產品的銷售額。

品與 B 產品的銷售額，不需要特地分成 2 種刻度吧。這種雙軸圖的誤用情況十分常見。另外，雙軸圖也可輕易操控看圖者的印象，因此觀察圖表時必須當心。

參考文獻

Alberto Cairo, "How Charts Lie: Getting Smarter about Visual Information", W. W. Norton & Company, 2019.〔繁體中文版：艾爾伯托・凱洛（洪夏天譯）《圖表會說謊：圖表設計大師教你如何揪出圖表中的魔鬼，不再受扭曲資訊操弄》商周出版。〕

Carl Bergstrom and Jevin West, "Calling Bullshit: The Art of Skepticism in a Data-Driven World", Random House, 2020.〔繁體中文版：卡爾・伯格斯特姆、杰文・威斯特（穆思婕、沈聿德譯）《數據的假象：數據識讀是深度偽造時代最重要的思辨素養，聰明決策不被操弄》天下雜誌。〕

統計學
偏誤

05

圖表的美觀設計，會使人無法獲得正確
的資訊。

誤用3D圖表

Misuse of 3D Graphs

意　思	製作圖表時採用了沒有必要的立體設計。

關　聯	誤用長條圖（→第104頁）、誤用折線圖（→第108頁）、誤用圖像圖表（→第116頁）

採用立體設計的圖表

如果你要製作宣傳廣告，而廣告裡要放上圖表，請問你會注意哪個部分呢？

讓人一眼看到圖表就能直接了解到資訊這件事當然很重要，但要是無法先讓人願意觀看廣告的話，就沒有任何意義了。因此，這個時候關於圖表的設計可說也是同等的重要。實際觀察企業的廣告會發現，不少圖表都採用了吸晴的設計。

3D 圖表就是其中一種添加設計的圖表。顧名思義，這是看起來有具有立體感的圖表，一般會用於媒體與廣告等。

不過，**由於採用這種立體設計，有時反而會使我們接收到錯誤的資訊**。

本節就來介紹**誤用 3D 圖表**的問題吧。

圓形圖的 3 D 化

3D 圖表的代表例子之一就是圓形圖。

請看圖 1 的圖形，這是一般的圓形圖。如圖所示，圓形圖是把整個圓當作 100％，以面積表示各項目在整體中所占的比率。因此，圖 1 的 C 項目（20％）面積是 D 項目（10％）的 2 倍，而各項目的數值比率與面積比率是對應的。

接著，我們來看看將這張圓形圖畫成 3D 圖表的圖 2。跟圖 1 相比，圖 2 看起來怎麼樣呢？是不是覺得圖 2 給人的印象跟圖 1 不同呢？尤其是圖 2 最前面的 B 項目，應該有人會覺得面積比 A 項目還大吧。這正是使用 3D 圖表的問題點。

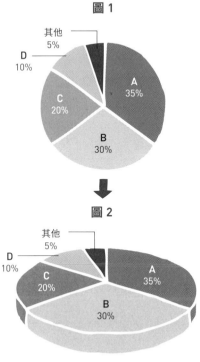

圖 1

圖 2

把平面的圓形圖變成立體圖後，
數值與面積的比率就不相等了。

圖 2 的圓形圖添加了立體效果，因而產生了深度，這**使得位在最前面的 B 項目看起來比實際還大**。於是，這張 3D 圓形圖就變成一張數值比率與面積比率不相等的錯誤圖表。

長條圖的 3 D 化

像這種因為使用 3D 圖表而招來誤解的情況，不只出現在圓形圖上，長條圖也看得到。

舉例來說，請看下一頁比較數值為 3500 的長條圖與 3D 長條圖的圖 3。兩者的黑色虛線，均代表 3500 的刻度位置。

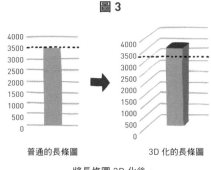

圖 3

普通的長條圖 → 3D 化的長條圖

將長條圖 3D 化後，
有可能會看錯數值。

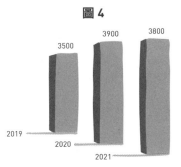

圖 4

3500　3900　3800

2019
2020
2021

使用遠近法後，會讓人產生
數值逐年增加的錯覺。

請問，觀察這 2 張圖表時，哪一張圖表比較容易看出 3500 這個數值呢？一般的長條圖，長條的高度與刻度的位置是對齊的，故通常都能正確看出數值。反觀 **3D 圖表，長條的高度與刻度的位置並未對齊**，因此有可能害人看錯數值。

此外，像圖 4 也是一種添加立體效果的長條圖。這種圖表經常用在宣傳企業的實績或升學補習班、國考補習班錄取成果的廣告上。

這種長條圖並非單純將 3 個長條橫向排列，還讓長條看起來有遠近感，因此就跟圖 2 的 3D 圓形圖一樣，**具有「最靠近我們的長條看起來最大，愈後面的長條看起來愈小」的視覺效果**。

觀察圖 4 會發現，2020 年到 2021 年的數字從 3900 減少到 3800。但是，只看長條的話，應該會以為 2020 年到 2021 年的數值是上升的吧。也就是說，假使實績沒有進步，只要展示這張圖表，就能使人產生實績進步的錯覺。

▌真有必要使用 3D 圖表嗎？

使用 3D 圖表的目的，大多是為了藉由設計讓更多人留下印象。此外也有可能是為了讓圖表看起來清楚一點。站在圖表製作者的立場來看，3D 圖表或許算是一種行銷或商業上的資料製作技巧。

但是，站在圖表檢視者的立場來看，3D 圖表的視覺效果，卻是解讀圖表時完全不需要的資訊。**圖表若添加過度的設計，就會扭曲資料原本要傳達的資訊，使人難以正確理解圖表。**結果便導致我們在觀察 3D 圖表時，必須自行想像正確的圖表才行。

若要正確地傳達資訊，就應該盡量避免使用 3D 圖表。如果要製作 3D 圖表，至少必須像圖 2 或圖 4 那樣補上數值方便他人理解圖表。當你在觀察 3D 圖表時，應該要比觀察普通的圖表更加留意。

參考文獻

Alberto Cairo, "How Charts Lie: Getting Smarter about Visual Information", W. W. Norton & Company, 2019.〔繁體中文版：艾爾伯托・凱洛（洪夏天譯）《圖表會說謊‧圖表設計大師教你如何揪出圖表中的魔鬼，不再受扭曲資訊操弄》商周出版。〕

Carl Bergstrom and Jevin West, "Calling Bullshit: The Art of Skepticism in a Data-Driven World", Random House, 2020.〔繁體中文版：卡爾・伯格斯特姆、杰文・威斯特（穆思婕、沈津德譯）《數據的假象：數據識讀是深度偽造時代最重要的思辨素養，聰明決策不被操弄》天下雜誌。〕

Howard Wainer, "How to Display Data Badly", The American Statistician: 38, 137-147, 1984.

觀察圖表時，不只要看數值，還要看出
製作者的意圖。

06

誤用圖像圖表
Misuse of Pictographs

意　思	製作圖像圖表時，數值與圖像的大小不相符。
關　聯	誤用長條圖（→第104頁）、誤用折線圖（→第108頁）、誤用3D圖表（→第112頁）

使用圖像圖表來比較數值

　　前面介紹了誤用長條圖、折線圖與 3D 圖表的問題，其中長條圖與折線圖是大家都很熟悉的類型，故可說是很實用的圖表。除此之外，我們還可以在這種普通的圖表上，使用跟項目有關的圖像簡單易懂地呈現資料。**圖像圖表**就是其中一種表現方式。以下就舉個簡單的例子來說明圖像圖表吧。

　　這裡以某汽車製造商的汽車銷售量為例。這家製造商去年的銷售量是 200 萬輛，今年則是 400 萬輛。該公司的員工製作了一張有關銷售量的圖表（圖 1）。

圖 1

銷售量（萬輛）

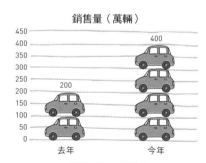

使用圖像簡單明瞭地
呈現銷售量的比較。

這張圖表的解讀方式跟長條圖一樣，只不過前者是用汽車圖像來代表數值。也就是說，這名員工在長條圖上使用汽車圖像，讓人更容易看出這是有關汽車銷售量的圖表。

利用面積做比較的陷阱

接著，另一名員工也針對汽車銷售量製作了如圖 2 那樣的圖表。不過，各位發現了嗎？這張圖表其實有個錯誤。這個錯誤，正是使用圖像圖表時最該注意的重點。

請各位重新比較一下圖 1 和圖 2 的圖表。關於去年與今年的汽車銷售量，哪一張圖表兩者之間的差距看起來比較大？大家恐怕都會覺得圖 2 看起來差距比較大吧？

首先可以看到圖 1 的圖表，用汽車圖像的數量對應銷售量，因此可以清楚看出今年的圖像數量是去年的 2 倍。接著再來看看圖 2，銷售量是以圖像的大小來表示。因此在這張圖表中，代表今年銷售量的圖像高度是去年圖像的 2 倍。

但是，圖 2 不只高度變成 2 倍，寬度也變成 2 倍。也就是說，縱橫長度都是 2 倍，故今年的圖像大小是去年的 4 倍。因此，這個圖像會**使人產生錯覺，以為兩者的差距高於實際的數值差**。

圖 2

銷售量（萬輛）

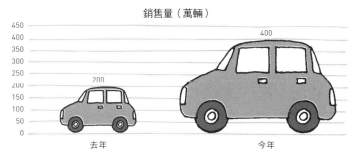

圖像變成 4 倍大，故有可能
讓人誤以為銷售量成長 2 倍以上。

像圖 2 這樣，想用圖像的縮尺表示實際的數值差時，如果單純拿數值比率當成縮尺就會犯這種錯誤。

比例墨水原則

以面積將實際的數值視覺化再進行比較時，面積的大小必須對應數值。這稱為**比例墨水原則**（the principle of proportional ink）（Bergstrom & West, 2020）。如同前述，長條圖的刻度必須以 0 為起點，否則就算誤用長條圖，這也是因為沒有遵守比例墨水原則。

1978 年美國《華盛頓郵報（The Washington Post）》在報導中誤用的圖表（下圖），就是其中一個忽視比例墨水原則的圖表實例。該圖表呈現的是1958 年到 1978 年的美元購買力，以 1958 年的購買力為基準，用 1 美元鈔票的大小來代表數值。

各位或許對這種圖表很陌生，不過基本上它的解釋跟長條圖一樣，鈔票的橫長對應數值。這張圖表的錯誤在於，橫長與縱長都產生變化。只要比較 1958 年的鈔票（最上面）與 1978 年的鈔票（最下面），應該就能清楚看出兩者的差距吧。

如果真的將這種圖表刊登在報紙上，會讓讀者以為差距高於實際的數值差。但是，這種用法無疑是在操控讀者的印象。

參考：Howard Wainer, How to Display Data Badly, The American Statistician, 38, 137-147, 1984.

也許我們都被圖表操控了印象

　　如今只要有電腦軟體和一點相關知識，任何人都有辦法製作簡單的圖表。因此，我們的生活周遭也能看到許多運用在媒體或廣告上的圖表。

　　雖然製作變得如此簡單方便，但圖表也能刻意配合製作者的主張來繪製。前面介紹的誤用圖表，也經常使用在媒體或廣告上。這類錯誤的圖表，有些是製作者的無心之過，也有一些是為了不良用途而刻意製作的吧。如果有人拿來使用在不良用途上，說不定我們已在不知不覺間被圖表操控了印象。

　　希望今後無論是觀看圖表的人，還是製作圖表的人，平常就要留意圖表的誤用問題。

參考文獻

Alberto Cairo, "How Charts Lie: Getting Smarter about Visual Information", W. W. Norton & Company, 2019.〔繁體中文版：艾爾伯托‧凱洛（沈意天譯）《圖表會說謊：圖表設計大師教你如何揪出圖表中的魔鬼，不再受扭曲資訊操弄》商周出版。〕

Carl Bergstrom and Jevin West, "Calling Bullshit: The Art of Skepticism in a Data-Driven World", Random House, 2020.〔繁體中文版：卡爾‧伯格斯特姆、杰文‧威斯特（穆思婕、沈聿德譯）《數據的假象：數據識讀是深度偽造時代最重要的思辨素養，聰明決策不被操弄》天下雜誌。〕

Darrel Huff, "How to Lie with Statistics", W. W. Norton & Company, 1954.〔繁體中文版：赫夫（鄭惟厚譯）《別讓統計數字騙了你》天下文化。〕

即使調查對象人數一樣，結果也會因對象屬性的偏頗而大不相同。

07

樣本偏誤
Sampling Bias

意 思	不是從要調查的母體隨機挑選對象，導致調查結果出現偏頗。

關 聯	自我選擇偏誤（→第124頁）、反應偏誤（→第238頁）、觀察者效應（→第250頁）

蒐集資料的目的是什麼？

運用統計學進行分析時，資料是不可或缺的東西。平常在生活當中，我們的各種資料也會被蒐集起來。如果你曾在網路上購物，過去的購買紀錄就會被網站當成資料蒐集儲存吧。有了這些資料，購物網站就可以判斷每位顧客購買商品的偏好，繼而推薦符合個人偏好的商品。

蒐集資料的目的之一，就是透過分析各別資料，以便能夠掌握整體的趨勢。

舉個簡單的例子，請各位想像一下抽籤的情況。當我們不曉得箱子裡總共有幾張籤，也不知道中獎籤有幾張時，如果想知道中獎籤的正確比率，就必須調查所有的籤。但是，如果籤的數量非常多就很難全部調查。因此，這種時候就會取出一部分的籤，計算這些籤當中的中獎籤比率，然後再推測整體的比率。這種方法稱為**抽樣調查**，從母體抽取出來的部分調查對象則稱為**樣本**。

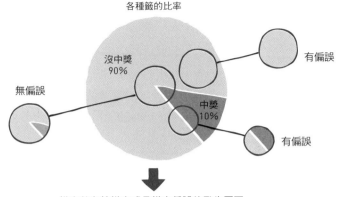

各種籤的比率

無偏誤

沒中獎 90%

有偏誤

中獎 10%

有偏誤

↓

樣本數與抽樣方式是樣本偏誤的發生原因。

　　目前各領域所做的調查，大部分都屬於抽樣調查，此時必須注意的是**樣本偏誤**。

　　假設有個抽籤遊戲，中獎率是 10%。這時，我們為了調查這個 10% 的中獎率而抽了 100 次的籤。如果抽出的籤當中有 10 張中獎籤，就可以推測中獎率是 10%。

　　那麼，如果抽到了 20 張中獎籤，或是沒抽到半張的話，結果會怎麼樣呢？這時就無法正確推測出 10% 這個比率。

　　就像這個例子一樣，**若抽出的樣本趨勢與母體不同，就可以說樣本有偏頗**。在統計學上，會影響推測的偏頗稱為**偏誤**（bias）。其中，因調查者的抽樣方式而產生的偏誤，特別稱為**抽樣偏誤**（sampling bias）。

社會調查中產生的偏誤

　　這裡就以街頭問卷調查為例，看看抽樣偏誤是如何產生的。

　　假設你是一名記者，當你想做問卷調查時，會在哪裡進行調查呢？收看電視新聞之類的節目時會發現，記者常在車站前這類路人很多的地方進行調查。說不定你也一樣想到了路人很多的地方。

　　之所以選擇路人很多的地方，其中一個原因就是可以有效率地進行問卷調查。畢竟並非所有人都願意協助，如果想找到許多作答者，當然會選在人

多的地方進行調查。

　　那麼，你會如何從眼前的路人當中選出作答者、如何向他們搭話呢？假如眼前有個人很明顯在趕時間，應該沒什麼人會特地去叫住對方吧。可是，如果這份問卷是要詢問民眾對某項政策的意見，那就應該不分年齡、性別，把所有人都當成調查對象才對。換言之，**實施問卷調查的人不去調查特定的某些人，就會使這些人在不知不覺間被排除到調查對象之外**。

　　此外，在哪裡實施街頭問卷調查也很重要。假如是在早上的車站前進行調查，成為調查對象的人有什麼特徵呢？這種時候，為了上班、上學而前往車站的人比率會變多，至於完全不會去車站的人就不會成為調查對象。如此一來，**假使那些未包含在調查對象內的人有著相同的意見，也不會反映在調查結果上**。

要完全消除樣本偏誤並不容易

　　最近問卷調查也會在社群網站上進行。但是，基於以下的理由，我們應該質疑這種調查結果的可信度。

抽樣調查的機制

從當作調查對象的母體抽出樣本

從樣本的趨勢
推測整個母體的趨勢

●多數的作答者極有可能是調查者的追蹤者。

●某一位作答者有可能使用多個帳號作答。

●調查者也有可能使用另一個帳號充當作答者。

在社群網站上進行調查，沒有辦法避開以上的問題。因此，就算找到再多的作答者，也無法排除樣本偏誤。

那麼，有沒有什麼辦法可以從網路或社群網站等媒體蒐集到沒有偏頗的資訊呢？

旅遊時若想找觀光景點或餐飲店，你會怎麼搜尋呢？是不是只在社群網站上搜尋，或是只看美食網站上的口碑評價呢？但是，這類資訊會出現「全是社群網站使用者或口碑網站使用者的意見」這種偏誤。

要完全消除樣本偏誤並不容易，不過還是希望各位要記得從各種角度、使用各種方法蒐集資訊，盡可能減少偏誤的影響。

參考文獻

Gary Smith, "Standard Deviations: Flawed Assumptions, Tortured Data, and Other Ways to Lie with Statistics", Harry N. Abrams, 2014.〔繁體中文版：蓋瑞・史密斯（劉清山譯）《常識統計學：拆穿混淆的假設、揪出偏差的數據、識破扭曲的結論，耶魯大學最受歡迎的十八堂公開課》日出出版。〕

Joel Best, "Damned Lies and Statistics: Untangling Numbers from the Media, Politicians, and Activists", University of California Press: 2001.〔繁體中文版：喬・貝斯特（張淑貞、何玉方譯）《統計數字：是事實，還是謊言？》商周出版。〕

為什麼調查機構的民調結果趨勢每一家
都不相同？

08

自我選擇偏誤

Self-Selection Bias

意　思	由調查對象決定是否協助調查時所產生的偏誤。
關　聯	樣本偏誤（→第120頁）、反應偏誤（→第238頁）、觀察者效應（→第250頁）

因調查對象而產生的偏誤

　　上一節談到，進行問卷之類的調查時，由調查者自行選擇對象的話會產生抽樣偏誤（→第121頁）。那麼，如果是隨機選擇調查對象，避免調查者的意志介入，這樣就能除去樣本產生的偏誤嗎？

　　答案是不能。**就算調查對象是隨機選出來的，這個對象也有可能使樣本產生偏誤。**這種現象稱為**自我選擇偏誤**，是指對象可選擇是否協助調查時所產生的偏誤。

　　接下來就舉幾個例子，談談自我選擇偏誤的問題。

藏在民意調查中的偏誤

　　我們常聽到的其中一種社會調查就是**民意調查**。民意調查有幾種實施方式，例如由調查員訪問列為對象的人或是寄送問卷等等。其中電話調查（稱為隨機撥號法〔RDD〕）是報社等機構常用的民調方式之一，這種方式是先由

調查者隨機產生電話號碼，再撥打那個號碼決定調查對象。

那麼，這種電話調查會出現的問題點是什麼呢？電話號碼是隨機選擇出來的，調查者的意志不會反映在對象的選擇上，因此乍看好像沒問題。不過，各位試想一下自己成為調查對象時的情況，就不難發現採用這個方式的問題了。

假設有個陌生號碼突然打電話給你。這時，有的人會接電話，有的人則因為時間不湊巧而沒辦法接電話，應該也有人會故意不接不認識的人打來的電話吧。也就是說，**成為電話調查對象的人，存在著「會接陌生電話的人」這一前提**。

另外，民意調查大多詢問政治方面的意見，因此關心政治的人就會積極協助調查，不關心的人則有可能不會協助調查。如此一來，**調查對象是否關心政治，就會影響民意調查的結果**。

如果很多人都不協助調查，就沒辦法得到足夠的作答者，調查結果會與全體國民的意見產生很大的誤差。因此，民意調查除了調查方式外，也必須注意**回收率**（調查對象當中願意回答者的比率）。

民意調查所發生的協助者偏誤

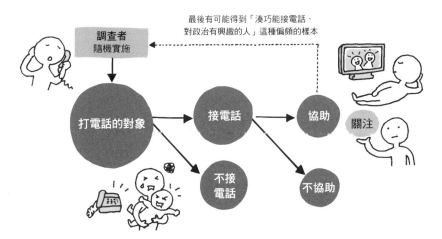

最後有可能得到「湊巧能接電話、對政治有興趣的人」這種偏頗的樣本

調查者
隨機實施

打電話的對象 → 接電話 → 協助　關注

不接電話

不協助

接受篩檢的人與不接受篩檢的人有什麼差異？

接著再介紹一個發生自我選擇偏誤的例子吧。

假設我們針對做過癌症等疾病篩檢的人與沒做過篩檢的人，調查死亡率有無受到影響。如果這時，做過篩檢的人與沒做過篩檢的人死亡率有差距，一般會認為接受篩檢是有效的。不過，我們該注意的是，做過篩檢的人與沒做過篩檢的人有什麼差異。

做過篩檢的人當中，可能含有許多非常注重健康的人。因此也可以認為，無論有沒有做篩檢，這些人平常就會注意自己的健康，才使得死亡率下降。

得出「做過篩檢的人死亡率比較低」這個結果並非不合理，但仍有可能**因為自我選擇偏誤，導致「有無篩檢」以外的因素影響到調查結果，而高估了篩檢的效果**。

消除自我選擇偏誤的對策

各報社所做的民意調查，其提問內容與作答者都不一樣，故有時會得到政權支持率大不相同的結果。雖然報社在實施調查時應該也做過調整以避免產生偏誤，但仍然無法完全消除這個問題。因此，**我們不能拿各報社的民調結果來互相比較。若要比較民調，重點就是要觀察同一家機構調查結果的變化**。

舉例來說，假設 A 機構與 B 機構都實施了政權支持率的民意調查。在第 1 次的調查中，A 機構的支持率為 45％，B 機構為 40％。在第 2 次的調查中，A 機構下滑至 40％，B 機構則下滑至 30％。這時可以認為，A 機構與 B 機構的作答者在想法等方面有所差異。

但是，單看 A 機構會發現，如果第 1 次與第 2 次的調查方式一樣，作答者的偏誤就沒有多大的變化。因此，第 1 次與第 2 次的調查結果可以拿來做比較。這點 B 機構也一樣。觀察 2 家機構從第 1 次到第 2 次調查的支持率變化，會發現兩者都有下滑的趨勢。

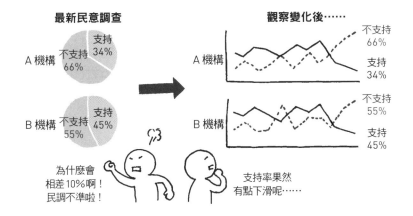

換言之，**如果數個民調結果都有同樣的變化，就可推測全體國民的支持率也是下滑的**。面對含有偏誤的調查，重要的是掌握調查結果的趨勢，而不是單純觀察數值。

參考文獻

Carl Bergstrom and Jevin West, "Calling Bullshit: The Art of Skepticism in a Data-Driven World", Random House, 2020.〔繁體中文版：卡爾．伯格斯特姆、杰文．威斯特（穆思婕、沈聿德譯）《數據的假象：數據識讀是深度偽造時代最重要的思辨素養，聰明決策不被操弄》天下雜誌。〕

Darrel Huff, "How to Lie with Statistics", W. W. Norton & Company, 1954.〔繁體中文版：赫夫（鄭惟厚譯）《別讓統計數字騙了你》天下文化。〕

Miguel Hernan et al., "A Structural Approach to Selection Bias", Epidemiology: 15, 615-625, 2004.

高橋昌一郎《自己分析論》光文社（光文社新書），2020年。

在血汗企業工作的人，大多健康且抗壓
性強？

健康工人效應
Health Worker's Effect

意　思	調查與特定職業有關的疾病風險時，從事該職業的勞工風險比一般人低的現象。
關　聯	伯克森偏誤（→第132頁）

職業病調查的偏誤

我們會用「職業病」來形容，一個人平常表現出來的職業上的毛病或習慣。不過，職業病一詞原本是指，因職場的勞動條件或勞動環境而發生的疾病，例如在工地或工廠這類會產生噪音的地方工作時發生的噪音性聽力損失就是一種職業病。

而這種職業病的相關調查，有時會發生匪夷所思的現象。

假設我們調查了工廠所用的化學藥品對於員工健康的影響。照理來說，工廠的員工因為化學藥品而導致健康受損的風險當然會比一般人來得高。但是，有時調查之後卻會得出違反直覺的結果，也就是工廠員工發生疾病的風險比一般人更低。

之所以會得出這種調查結果，一般認為原因在於**健康工人效應**。

海軍可以算是安全的職場嗎？

說明健康工人效應之前，我們先來看以下的例子（Huff, 1954）。

1898 年爆發美西戰爭時，據說美國海軍的死亡率大約是每 1000 人就有 9 人死亡。反觀同一時期的紐約市，一般民眾的死亡率大約是每 1000 人就有 16 人死亡。於是，美國海軍便根據這項事實，向大眾宣傳加入海軍比較安全。

看完這個例子後，你能夠相信「海軍比較安全」這項主張嗎？一般應該會覺得，加入海軍的話會比普通人更容易遭遇生命危險，尤其戰爭期間風險會更高。然而，美國海軍卻主張他們的死亡風險比普通人低，這聽起來很違反直覺。

美國海軍所做的這個宣傳，其實存在著健康工人效應。

健康工人效應是指，**調查職場環境給勞工帶來的健康風險時，拿勞工與一般人做比較，最後得出勞工比一般人健康的結果之現象**。

為什麼美國海軍的死亡率比一般人低？

美國海軍的死亡率　　　　　紐約市民的死亡率

$$\frac{9}{1000}$$　　　　　　　$$\frac{16}{1000}$$

加入海軍比較安全嗎？

只是因為團體組成差異，使得海軍的死亡風險看起來比較低。

年輕健康的成年人團體　　　　有許多本來就不健康的人
　　　　　　　　　　　　　　以及小孩與老人的團體

隸屬美國海軍的人，本來就全是健康的人與年輕人，有健康疑慮的人很難加入海軍。反觀一般人，裡面當然包括了有健康疑慮的人以及老人與小孩。也就是說，列為調查對象的海軍隊員與屬於一般人的民眾之間有很大的差異。

　　調查這 2 個團體的死亡風險後，得出「由健康者組成的海軍風險比較低，包含許多有健康疑慮者的一般人死亡風險比較高」這種結果可以說是理所當然的。因此，我們無法確定加入海軍是否真如美國海軍宣稱的那樣安全。

▎血汗企業與健康工人效應

　　我們會用「血汗企業」來稱呼，給員工造成身心負擔、強迫員工超長時間工作等勞動環境惡劣的公司。勞動環境過於惡劣會損害勞工的健康，因此血汗企業的存在被視為一種社會問題。如果針對這種企業進行健康調查，有可能跟前述美國海軍的案例一樣出現健康工人效應。

　　無論公司是不是血汗企業，應徵工作時，沒有健康問題的人一定比有健康疑慮的人更容易被錄取。另外，進行調查時，生了某種疾病的人也有可能已經離職而不包含在對象內。所以，若大多數員工都是健康強壯的人，健康調查就有可能沒問題。

　　假如血汗企業的健康調查沒問題，那麼就算該企業的員工身體不適也不會知道是勞動環境出問題，難以察覺到這是一家血汗企業。**若要避免健康工人效應的問題，就必須注意比較的對象。**

▎消除健康工人效應的對策

　　健康工人效應是一種，列為調查對象的團體成員皆已達到一定的健康標準才可能發生的現象。

　　健康工人效應的問題在於，拿按照某個標準篩選過的團體與一般的團體做比較。若要做出正確的評估，應該要避免跟一般團體做比較，而是改與其他企業的勞工做比較。

現在的長輩
都很健康呢！

老人會

也要想到那些
不在現場的成員

　　以勞工這種特定團體為對象所進行的調查或問卷，有可能潛藏著健康工人效應之類的偏誤。因此，像這種調查的結果不見得一定會反映出實際的狀況。

參考文獻

Anthony McMichael, "Standardized Mortality Ratios and the "Healthy Worker Effect": Scratching Beneath the Surface", Journal of Occupational Medicine: 18, 165-168, 1976.

Chung Li and Fung Sung, "A Review of the Healthy Worker Effect in Occupational Epidemiology", Occupational Medicine: 49, 225-229, 1999.

Darrel Huff, "How to Lie with Statistics", W. W. Norton & Company, 1954.〔繁體中文版：赫夫（鄭惟厚譯）《別讓統計數字騙了你》天下文化。〕

你能想出幾個熱門漫畫改編的真人版電影成功案例？

10

伯克森偏誤

Berkson's Bias

意 思	調查某2個變數之間的關係時，出現與實際情形不符的趨勢。

關 聯	健康工人效應（→第128頁）

抽菸能預防新型冠狀病毒感染症嗎？

統計學分析的偏誤，容易發生在有關疾病因素的**流行病學調查**上。以下就來介紹其中一個案例，這是在新冠病毒疫情剛開始擴大時發生的現象（Chivers & Chivers, 2021）。

2020 年，有研究者針對感染新冠病毒的住院患者進行調查。其中法國的調查（Miyara et al., 2022）顯示，感染新冠病毒的住院患者當中抽菸者的比率很少，故提出了「抽菸可有效預防感染」的假說。這項調查結果也登上歐美媒體。

一般認為抽菸有害健康，因此「抽菸或許能有效預防感染」這項假說有違我們的認知。之所以會出現這種調查結果，其中一個原因就是被稱為**伯克森偏誤**（或稱為伯克森悖論）的反直覺現象。

為什麼會發生伯克森偏誤？

伯克森偏誤是指，調查「抽菸」與「感染傳染病」這 2 種現象的關係時，誤判現象之間的趨勢。上一節談到，健康工人效應是調查如職業病風險這種單一現象時發生的偏誤，伯克森偏誤則是**調查 2 種現象（例如抽菸與感染新冠病毒）的關係時可能發生的偏誤**。那麼，為什麼會發生伯克森偏誤呢？

關於新型冠狀病毒感染症與抽菸者的現象，我們必須注意的重點是，進行調查的時候正值感染擴大的初期。當時的檢查以醫事人員為主。不消說，非醫事人員但有感染疑慮的人也要接受檢查。

換句話說，檢查對象是「醫事人員」或「非醫事人員但有感染疑慮者」。因為醫事人員大多不抽菸，當時住院的醫事人員中不抽菸者的比率才會偏高。

因此，如果以住院患者為對象調查抽菸與感染的關係，就會發現不抽菸的感染者偏多，結果便做出「不抽菸的人容易感染病毒」這種錯誤的判斷。

這項調查的問題在於只以住院患者為調查對象，所以完全不清楚對其他人而言不抽菸是否容易感染病毒。當調查存在這種無法觀察的資料時，就有可能發生伯克森偏誤。

新冠病毒流行初期的伯克森偏誤

新型冠狀病毒感染症流行初期的感染者大多是醫事人員

感染者當中抽菸者與不抽菸者的比率

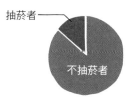

抽菸者 ——

不抽菸者

抽菸能有效預防感染？

▌改編成真人版電影真的會失敗嗎？

如果有人問你喜歡哪部動畫或漫畫時，你的腦海中會浮現出什麼呢？如果你是對動畫或漫畫沒興趣的人，也可以想一想自己喜歡的小說。那麼，假設這部作品決定拍成真人版電影，這時候你對拍成真人版電影這件事，是贊成還是反對呢？

過去已有許多動畫或漫畫拍成真人版電影，當中或許也包括你想到的作品。每次有作品要拍成真人版電影時，網路上總是看得到支持者與反對者。此外，應該也有人聽過「動畫或漫畫拍成真人版電影不會成功」這種反對派的意見吧。

那麼，我們來想一想為什麼會有這樣的意見。

認為熱門動畫或漫畫作品若真人化，電影作品的票房也會很好是很合理的想法。然而實際上，當中有票房高的成功作品，亦有許多失敗作品。此外，當中還有一些原作知名度低但票房很高的作品，故可以認為電影會不會成功跟原作的知名度無關（圖1）。

那麼，你想到的作品，應該是「原作知名度高的作品」，或是「電影票房高的作品」這兩者之一吧。換言之，我們很難想起原作知名度低、真人版電影也失敗的作品。於是才會形成，**「原作知名度愈高，拍成電影愈容易失敗」這種表面上的關係**（圖2）。

當然，真人版電影會不會成功取決於各種因素，無法單純用伯克森偏誤來解釋「動畫或漫畫拍成真人版電影不會成功」的想法。

不過，我們有時會不自覺地給當作判斷基準的對象加上濾鏡，只根據濾鏡下的資訊去做判斷。於是，就有可能誤把本來並不存在的關聯性給抓出來。

我們有可能在伯克森偏誤造成的錯誤想法影響下，陷入某種刻板印象中。只要謹記各個部分都存在著我們看不見的資訊，應該就能靈活有彈性地看待事物吧。

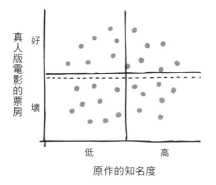

圖1　原作的知名度與真人版電影的票房無關

真人版電影的票房

好

壞

低　　　　　高

原作的知名度

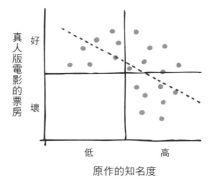

圖2　知名度低票房也差的作品不會讓人留下印象

真人版電影的票房

好

壞

低　　　　　高

原作的知名度

從行為經濟學

從統計學

從資訊科學

參考文獻

Carl Bergstrom and Jevin West, "Calling Bullshit: The Art of Skepticism in a Data-Driven World", Random House, 2020.〔繁體中文版：卡爾・伯格斯特姆、杰文・威斯特（穆思婕、沈聿德譯）《數據的假象：數據識讀是深度偽造時代最重要的思辨素養，聰明決策不被操弄》天下雜誌。〕

Joseph Berkson, "Limitations of the Application of Fourfold Table Analysis to Hospital Data", Biometrics Bulletin: 2, 47-53, 1946.

Lionel Page, "Good Books Make Bad Movies", 2021.

Makoto Miyara et al., "Lower Rate of Daily Smokers with Symptomatic COVID-19: A Monocentric Self-Report of Smoking Habit Study", Frontiers in Medicine: 8, 2021.

Tom Chivers and David Chivers, "How to Read Numbers: A Guide to Statistics in the News (and Knowing When to Trust Them)", Weidenfeld & Nicolson, 2021.

「蘋果和橘子這2種水果哪個比較好？」
是無法回答的問題。

組間比較謬誤
Fallacy of Intergroup Comparison

意　思	未經過調整就用相同標準比較性質相異的團體。
關　聯	辛普森悖論（→第140頁）、類別大小偏誤（→第218頁）、比率偏誤（→第226頁）

▌蘋果與橘子的比較

英語中有句熟語叫做「apples and oranges」，直譯成中文雖然是「蘋果與橘子」，但其實在西方是用來指稱「無法相比的東西」。蘋果與橘子的共通點是皆為水果，但兩者種類不同，因此若要問哪一種水果比較好，是無法得出結論的。

同樣的情況，在比較學力測驗總分的時候，若將文組的成績與理組的成績進行比較，也是件很奇怪的事。因為 2 個組別的學生拿手與不拿手的科目，以及考試科目幾乎都不一樣。但是，如果忽略這種性質的差異，就會陷入**組間比較謬誤**。

不同的團體之間進行比較時，首先必須注意的是隸屬各團體的人或物的數量。

以選舉的政黨得票數為例。

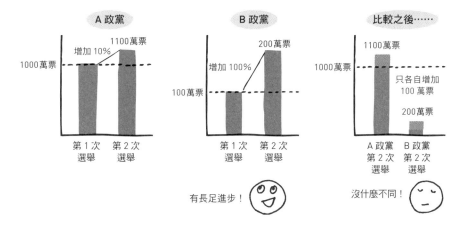

A 政黨在選舉中獲得 1000 萬票，B 政黨則獲得了 100 萬票。之後在另一場選舉中，A 政黨的得票數比上次的得票數多了 10%，B 政黨則獲得 2 倍的得票數。

現在來看得票數的增加率，A 政黨是增加 10%，B 政黨是增加 2 倍（增加 100%）。這樣一看會覺得，B 政黨增加了許多支持者。但是，計算實際增加的得票數卻發現，2 個政黨都同樣增加了 100 萬票。

無視於團體的規模不同，而只注意比率的話就會使人產生誤解。假如你是 B 政黨的代表人，就能夠吹噓「A 政黨的得票數只增加 10%，B 政黨可是增加 100%」，彷彿 B 政黨獲得很多票似的。就像這個例子一樣，團體之間進行比較時要注意規模大小。

地區之間的比較要注意人口結構

再舉一個團體比較的例子，讓我們來看看地區之間的比較。

日本常以都道府縣或市區町村這類行政區劃單位進行比較，不過進行這種地區之間的比較時，是否有考量到各地區居民的差異呢？

以都道府縣為例，根據 2020 年的調查，人口最多的是東京都，大約 1300 萬人。至於人口最少的則是鳥取縣，大約 55 萬人，跟東京都板橋區的

人口差不多。光是像這樣單純比較人口，就已經出現很大的地區差異了。

我們接著也來想一想，考量這種地區差異的必要性。

假如比較某種疾病 1 年的患者人數，東京都有 1 萬人，鳥取縣有 1000 人，那麼東京都的發病率是 0.08％，鳥取縣的發病率是 0.18％。雖然患者人數是東京都比較多，但在人口中所占比率卻是鳥取縣比較高。

患者人數與人口占比，何者適合拿來比較呢？如果 2 個地區的患者比率一樣，人口多的地區當然患者人數就比較多。因此，只比較患者人數的話無法評估發病風險的高低，故應該考量發病率，或每 1 萬人口的患者人數等人口差異。

此外，進行與疾病相關的比較時，也必須注意人口結構才行。一般認為小孩與老人的疾病發生率比較高，另外也有疾病是某種性別比較容易發病。每個地區的各年齡人口與男女比應該都不一樣。這種人口結構也必須經過調整，否則不會知道哪個地區的發病風險高。

蘋果跟蘋果比，橘子跟橘子比

新型冠狀病毒感染症在日本擴大流行後，媒體也開始報導各都道府縣的感染人數。但是如同前述，只看感染人數的話，仍無法正確得知哪個地區的感染風險高。

這 2 個團體可以拿來比較嗎？

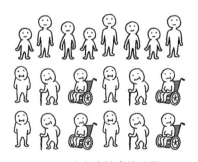

老年人較多的地區

年輕人較多的地區

其實不只個人，企業之間或都道府縣之間進行比較時，也無法做到由組成要素（人或物）完全一致的團體來互相比較。這是因為一般而言，各團體的組成要素都不一樣。如果沒注意這種差異，就會變成拿蘋果跟橘子比。為了能拿蘋果跟蘋果比、拿橘子跟橘子比，比較前最好要注意團體之間有多大的差異。

哪種是更好的水果！?

參考文獻

Gary Smith, "Standard Deviations: Flawed Assumptions, Tortured Data, and Other Ways to Lie with Statistics", Harry N. Abrams, 2014.〔繁體中文版：蓋瑞‧史密斯（劉清山譯）《常識統計學：拆穿混淆的假設、揪出偏差的數據、識破扭曲的結論，耶魯大學最受歡迎的十八堂公開課》日出出版。〕

Joel Best, "Damned Lies and Statistics: Untangling Numbers from the Media, Politicians, and Activists", University of California Press: 2001.〔繁體中文版：喬‧貝斯特（張淑貞、何玉方譯）《統計數字：是事實，還是謊言？》商周出版。〕

Peter Schryvers, "Bad Data: Why We Measure the Wrong Things and Often Miss the Metrics That Matter", Prometheus Books, 2019.

高橋昌一郎《理性の限界》講談社（講談社現代新書），2008年。

女性錄取者人數少是因為歧視，還是有
其他因素？

12

辛普森悖論

Simpson's Paradox

意　思	某團體的整體趨勢，與分割成數個小組時的趨勢相異的現象。

關　聯	組間比較謬誤（→第136頁）、類別大小偏誤（→第218頁）、比率偏誤（→第226頁）

在整體與分組之間發生的逆轉現象

假設有 A 高中與 B 高中 2 所學校實施了模擬考。

2 所學校都有 200 位考生。模擬考結束後，A 高中與 B 高中的平均分數分別爲 70 分與 65 分，請問哪一所高中的考生成績比較好？

對於這個問題，大部分的人會回答 A 高中吧。那麼，如果將各校的考生分成文組和理組後得出了以下的結果，答案又是如何呢？

A 高中的文組學生有 150 人，理組學生有 50 人；B 高中的文組學生有 50 人，理組學生有 150 人。另外，A 高中文組的平均分數是 75 分，理組的平均分數是 55 分；B 高中文組的平均分數是 80 分，理組的平均分數是 60 分。

表 1

表 1 是上述資訊的整理。那麼，從表 1 來看，何者的成績比較好呢？全體的平均分數是 A 高中比較高，文組與理組的平均分數是 B 高中比較高。

	文組的平均分數 （考生人數）	理組的平均分數 （考生人數）	整體的平均分數 （考生人數）
A 高中	75 分 （150 人）	55 分 （50 人）	70 分 （200 人）
B 高中	80 分 （50 人）	60 分 （150 人）	65 分 （200 人）

像這種**某團體的整體趨勢，與分成小組時的趨勢相異的現象**，稱為**辛普森悖論**。

研究所入學考試有歧視問題嗎？

1973 年加州大學柏克萊分校舉行的研究所入學考試，是現實中著名的辛普森悖論案例之一（Bickel et al., 1975）。

當時的研究所錄取率，男性為 44.5％，女性為 30.4％，男女的錄取率有明顯的差距。這個落差引起了關注，有人質疑校方在判定錄取與否時對於女性有差別待遇。

男女的錄取率確實有 10％以上的差距，也讓人感覺男性似乎受到較好的待遇。但是，實際調查後得出的結論卻是：該研究所的入學考試並未歧視女性，刻意降低她們的錄取率。為什麼會做出這種結論呢？我們來看看更詳細一點的資料吧。

首先請看圖 1 的長條圖，這是研究所 6 個學系（A~F）的男女錄取率，各學系的男女錄取率除了 A 學系以外，其他似乎沒有太大的差距。另外，看得到很大差距的 A 學系也是女性錄取率比男性高。由此可見，這項事實與「男性錄取率比較高」的整體趨勢有很大的出入。

比較各學系的錄取率後發現，A 學系與 B 學系的男女錄取率都有 50％以上，其他學系的錄取率則男女皆未滿 40％，看得出來各學系的錄取難易度不同。

接著來比較各學系的男女考生人數吧。圖 2 的長條圖為各學系的考生

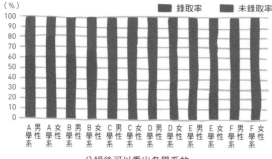

圖 1　各學系的男女錄取率

（％）

■ 錄取率　■ 未錄取率

100
90
80
70
60
50
40
30
20
10
0

A男學系　A女學系　B男學系　B女學系　C男學系　C女學系　D男學系　D女學系　E男學系　E女學系　F男學系　F女學系

分組後可以看出各學系的
男女錄取率差距並不大。

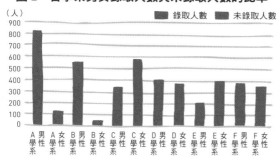

圖 2　各學系男女錄取人數與未錄取人數的比率

（人）

■ 錄取人數　■ 未錄取人數

900
800
700
600
500
400
300
200
100
0

A男學系　A女學系　B男學系　B女學系　C男學系　C女學系　D男學系　D女學系　E男學系　E女學系　F男學系　F女學系

A 學系與 B 學系的男性考生人數比女性多很多。

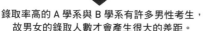

錄取率高的 A 學系與 B 學系有許多男性考生，
故男女的錄取人數才會產生很大的差距。

人數，並依照錄取人數與未錄取人數的比率上色。觀察圖 2 會發現，A 學系與 B 學系的男性考生明顯偏多，而 C 學系與 E 學系的女性考生偏多，其他學系的男女考生人數則沒有太大的差距。

於是，對照圖 1 的各學系錄取率差距便會發現，**錄取率比較高的 A 學系與 B 學系有許多男性考生，錄取率比較低的學系則有許多女性考生**。尤其，A 學系與 B 學系的男女考生人數差距明顯大於其他學系。因此，男女的錄取人數才會產生很大的差距。

看完以上的分析後，各位應該能夠明白，為什麼不能說加州大學柏克萊分校的研究所入學考試歧視女性、刻意降低女性的錄取率吧。

日本也有大學入學考試發生男女不平等的問題。2018 年曝光的東京醫科大學入學考試不公正問題，至今還讓人記憶猶新。這個問題是發現只有女性考生受到不公平待遇，校方故意藉由扣分的方式來降低女性考生的錄取率。因此必須注意的是，柏克萊分校與東京醫科大學這 2 個例子，其男女之間出現差距的原因是截然不同的。

評價的標準要放在哪裡？

辛普森悖論也有可能發生在我們的現實生活當中。

舉例來說，比較 2 所大學的就業率時，拿整所大學來比較，或是拿各學院來比較，兩者的結果有可能大不相同。

請各位回想一下本節開頭所舉的高中模擬考例子。若用整所學校來比較，我們可以說 A 高中的成績比較優秀，但分成文組和理組後，卻是 B 高中比較優秀。如果你在 A 高中任職，想利用這場模擬考的結果吸引更多學生入學，那麼你應該使用整所學校的成績，還是文組與理組的成績呢？反之，如果任職於 B 高中又該怎麼做呢？

評估是否出現辛普森悖論時，比較整體與分組雙方固然重要，但我們並非每次都能知道兩者的資訊。為了避免自己根據有限的資訊做出錯誤的判斷，千萬要記得這種矛盾是有可能發生的。

參考文獻

Edward Simpson, "The Interpretation of Interaction in Contingency Tables", Journal of the Royal Statistical Society: Series B (Methodological): 13, 238-241, 1951.

Peter Bickel et al., "Sex Bias in Graduate Admissions: Data from Berkeley", Science: 187, 398-404, 1975.

高橋昌一郎（監修）《絵でわかるパラドックス大百科：増補第2版》Newton Press，2021年。

13

時序比較謬誤

Fallacy of Time Series Comparison

意 思	拿不同的時間點進行比較時,因存在著未測量到的數,或是調查對象產生變化而無法正確比較。
關 聯	回歸謬誤(→第148頁)

不同時間點之間的比較

有時我們會想知道個人的學力測驗成績或企業的年營業額等,這類會隨著時間經過產生變化的數值。調查社會問題時,也會比較不同時間點的數值,而統計學的做法是按照時間順序列出資料,再調查資料的趨勢。如果狀況惡化,也會調查惡化的原因。

一般大多認為,調查不同時間點的社會問題狀況時,其趨勢的變化反映了實際情形的變化。然而有些時候,**測量方法的改變等因素會影響測量結果**,這種現象就稱為**時序比較謬誤**。

霸凌事件增加的原因

目前在日本受到關注的其中一個社會問題就是「霸凌問題」。在學校裡頭學生之間的霸凌行為,某些時候會引發更加重大的事件。而每次只要發生這類事件時,媒體都會大肆進行報導,因此與過去相比,感覺上有關霸凌的

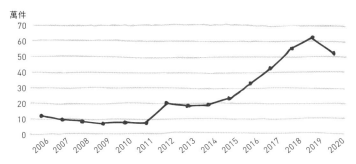

圖 1 霸凌確認件數的推移

萬件

根據日本文部科學省「令和 2 年度小學生至高中生的問題行為與
拒絕上學等學生指導上的各種課題之調查結果概要」製作。

報導增加了不少。

我們來看看日本文部科學省，於 2021 年公布的霸凌確認件數推移圖（圖 1）。觀察 2006 年度到 2020 年度這 15 年的霸凌確認件數變化可以發現，從 2006 年開始確實件數有增加的趨勢，因此霸凌事件似乎真的逐漸在增加。

值得注意的是，2011 年到 2012 年確認件數暴增到 2 倍以上。為什麼短短 1 年內件數就增加這麼多呢？

其實是因為，2011 年發生了引起媒體關注的某起案件，而引發該案件的原因就是霸凌。這起案件使霸凌問題受到整個社會的關注，促使日本全國的學校重新調查校內的霸凌情況。因此，之前不被視為霸凌問題的事件也都計算進去，所以使得件數暴增。

這張圖表只是調查「確認」為霸凌的件數，而不是調查霸凌的「發生」件數。因此，就算霸凌的確認件數增加，也無法確定校園內的實際情況是否惡化。我們也可以反過來認為，狀況已轉向連之前沒被發現的事件都被視為問題。

蒐集這類資料時，有可能會存在沒測量到的數，這種數稱為 **「黑數」**。以時間序列進行比較時，如果過去的資料存在黑數，即便現在的數值比過去還多，仍然無法得知狀況是否惡化。

霸凌的定義有了改變

以時間序列進行比較時還有一個該注意的地方，就是測量的事物有無改變。重新觀察圖表，可以看到 2013 年以後霸凌事件持續增加。

其實，文部科學省有對霸凌做了正式的定義。這個定義過去已修改過好幾次，而 2013 年也做過修改。也就是說，2013 年以前與 2013 年以後，歸類為霸凌的事件變得不一樣了。另外，自從小學生、國中生、高中生普遍都會使用智慧型手機與社群網站後，發生霸凌的情況也比以前多樣化吧。因此，不能單純跟過去比較，就斷言霸凌事件增加了。

過去與現在的「霸凌」定義及確認件數

過去（1986年）

霸凌的定義
只有校方確認為事實的才算「霸凌」

校方的想法
有霸凌事件的學校＝爛學校

霸凌的確認件數 少

現在（2013年～）

霸凌的定義
被害者覺得是「霸凌」就算「霸凌」

校方的想法
不隱瞞霸凌事實，應積極確認、處理

霸凌的確認件數 增

如同上述，調查對象本身有可能隨著時間而改變，導致以前與現在不一樣。因此，**調查社會問題時，如果沒考量到測量對象有什麼變化，就有可能高估或低估調查結果**。

要注意「創歷史新高」的增加原因

我們經常可以在媒體上看到「創歷史新高」一詞，這個詞大多是用來強調社會問題的狀況正在惡化。不過，在努力改善狀況的過程中，有時也會因為過去看不到的問題浮上檯面而使數值上升。關於前述霸凌確認件數的增加，也可以認為是身處教育前線的老師積極回報看似霸凌的事件，將之視為一種好的變化。像這種例子不見得一定是狀況惡化。

另外還有一種情況是，過去測量的事物現在已不再測量了。像 2019 年曝光的國家基本統計「每月勞動統計調查」違規問題就是一個例子。這個問題在於，原本應該要全數調查的統計調查，在 2004 年到 2017 年這段期間改為抽樣調查（→第 121 頁），在結果中低報平均薪資，因此導致僱用保險等給付金額也減少了。之後，自 2018 年開始政府便進行資料的補充與更正，於是就出現了平均薪資大幅上升之結果。總而言之，政府把這種不合規定、不符合實際情形的統計結果，當成正確結果公布。

看到暴增或銳減的值時也必須考量到，有可能是因為變更調查方法等因素才會發生這種變化。

參考文獻

Joel Best, "Damned Lies and Statistics: Untangling Numbers from the Media, Politicians, and Activists", University of California Press: 2001.〔繁體中文版：喬·貝斯特（張淑貞、何玉方譯）《統計數字：是事實，還是謊言？》商周出版。〕

Tom Chivers and David Chivers, "How to Read Numbers: A Guide to Statistics in the News (and Knowing When to Trust Them)", Weidenfeld & Nicolson, 2021.

田口勇《数字の嘘を見抜く本：カモにされないための数字リテラシー》彩圖社，2020年。

無論向神祈禱還是做什麼努力，幸運與
不幸都不會一直持續下去。

回歸謬誤
Regression Fallacy

意　思	將回歸到平均值的自然變動，跟某個因素連結在一起。
關　聯	時序比較謬誤（→第144頁）

新手的好運不會永遠持續下去

　　新手的好運（beginner's luck）是指，某個領域的新手湊巧因為好運而締
造佳績。例如某種運動的新人選手戰勝強敵時，或是第一次賭博就賭贏時等
情況，就常用新手的好運來解釋。

　　但是不用說，新手的好運不會持續太久。生涯首戰獲勝後仍一直贏下去
的運動選手並不多見。賭博也一樣，沒什麼經驗的人若是一直賭下去，最後
也會損失慘重吧。即便一開始的時候締造出了亮眼成績，這個結果也未必是
反映這個人的實力。

　　然而，有些人以為，**偶然獲得的好成績是自己本來的實力，之後反映真
正實力的結果是壞運造成的。這種誤解**稱為**回歸謬誤**。我們在日常生活當
中，也有可能不小心陷入回歸謬誤。

事物終會回歸到平均值

我們之所以會陷入回歸謬誤，原因出在**均值回歸**（regression toward the mean）這一現象。首先用以下的例子，說明這是什麼樣的現象。

> 某位學生對於學力測驗某科目的出題範圍只理解了 6 成。但是，最後他卻考了滿分 100 分。

在這個例子中，理解程度約 6 成的學生考了 100 分這件事，與其說是反映學生學力的結果，不如說是考卷湊巧只出他會答的題目，這個解釋還比較合理。

那麼，如果一再進行範圍相同題目不同的考試，這位學生的平均分數會是幾分呢？應該可以預料到平均分數會接近 60 分吧。

就像這個例子一樣，**當我們進行某項嘗試，偶然得到極端的結果後，接下來就不會再偶然發生這樣的結果，而是會得到許多平均的結果，這種現象**就稱為均值回歸。

體罰對提升成績有效果嗎？

均值回歸並非特殊現象，這是任何人都會發生的普通現象。假如某件事**可單純用均值回歸來說明，卻把它跟特殊的因素連結在一起**，就有可能發生回歸謬誤。

舉例來說，請回想一下前述的考試例子。假設有數名學生參加這場考試，接著將其中成績不好的學生聚集起來幫他們補習。之後，重新進行學力測驗，感覺上學生的成績應該會進步才對。

但是，若以均值回歸的觀點來看，這些學生第 2 次考試成績進步的原因未必是補習。

這是因為，成績不好的學生當中，可能還包含了偶然考低分的學生。因此，第 1 次考試的分數比原本的學力低的學生，或許什麼事也不用做，第 2

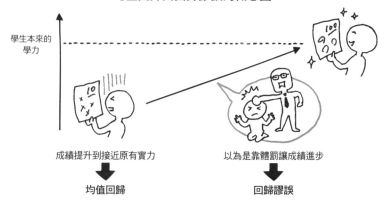

均值回歸與回歸謬誤的概念圖

學生本來的
學力

成績提升到接近原有實力　　　　　以為是靠體罰讓成績進步

均值回歸　　　　　　　　　　**回歸謬誤**

次以後的考試成績就會進步。所以，無法正確判斷補習對這些學生是否有效
果。

　　假如把發生均值回歸的現象，跟某項行為扯上關係，就會產生不存在的
理論。例如，不幫成績不好的學生補習，而是進行體罰之類嚴厲的指導也有
可能讓成績進步。這樣一來，就有可能得出「體罰對提升成績有效果」這種
如今會讓人不敢置信的結論。

發生在我們周遭的回歸謬誤

　　雖然用體罰的例子來說明理論似乎有點突兀，不過如同開頭所述，回歸
謬誤也會出現在各種情況。

　　我們會期待最近幾場比賽表現都很出色的運動選手，今後也能繼續維持
水準，反之也會希望表現不佳的選手不要上場比賽。不過，即便是短期表現
不佳的選手，如果觀察全年的成績，也很有可能跟去年的全年成績相差不
多。

　　假如業績變差的企業換了經營者後立刻恢復業績，或許會讓人覺得接手
的經營者是優秀人才。但是，也有可能不管經營者換成哪個人，業績都會止
跌回升。

　　以上這些都是回歸謬誤的例子。**如果直覺地把結果跟某個因素扯上關**

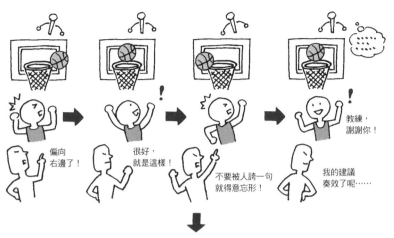

偏向右邊了！

很好，就是這樣！

不要被人誇一句就得意忘形！

我的建議奏效了呢……

教練，謝謝你！

就像單擺最後會停在中央那樣，
成績會恢復到符合原有實力的水準。

係，就會認為錯誤的想法是正確的。就算你經歷過很大的成功或失敗，也未必全是因為你的能力，也有可能單純是偶然的結果。希望各位別忘了任何時候都有可能發生均值回歸，要小心別做出錯誤的判斷。

參 考 文 獻

Francis Galton, "Regression Towards Mediocrity in Hereditary Stature", The Journal of the Anthropological Institute of Great Britain and Ireland: 15, 246-263, 1886.

Amos Tversky and Daniel Kahneman, "Judgment under Uncertainty: Heuristics and Biases", Science: 185, 1124-1131, 1974.

Gary Smith, "Standard Deviations: Flawed Assumptions, Tortured Data, and Other Ways to Lie with Statistics", Harry N. Abrams, 2014. 〔繁體中文版：蓋瑞・史密斯（劉清山譯）《常識統計學：拆穿混淆的假設、揪出偏差的數據、識破扭曲的結論，耶魯大學最受歡迎的十八堂公開課》日出出版。〕

橫山徹爾、田中平三〈平均への回帰〉日本循環器管理研究協議会雑誌：32, 143-147, 1997年。

用這個方法獲得成功的人有幾個？真的有再現性嗎？

15

小數定律
Law of Small Numbers

意　思	把來自少數樣本的結果或只嘗試幾次所得到的結果當作正確結果。
關　聯	別處效應（→第210頁）、集群錯覺（→第214頁）

大數定律與小數定律

　　在與統計學有關的機率論中，有項定律稱為**大數定律**。有些人可能沒聽過，不過只要看了具體例子就不難理解這項定律。

　　舉例來說，假設我們的手上有1枚硬幣，擲出正面或反面的機率各為2分之1。如果我們為了調查這枚硬幣擲出正面或反面的機率是不是2分之1，而試擲了10次左右，這時結果應該會是正面或反面出現的次數偏多。不過，擲100次、1000

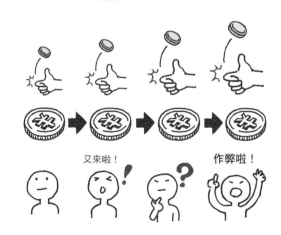

又來啦！　　　　　作弊啦！

次、1萬次⋯⋯擲硬幣的次數逐漸增加後，正面的出現次數與反面的出現次數就會接近總次數的一半。

就像這樣，當測試的次數夠多時，發生「硬幣擲出正面」這個現象的機率就會接近 2 分之 1。這項定律就稱為大數定律。

不過，假設有個人不知道硬幣擲出正面的機率，試擲了 10 次後，正面出現 7 次，反面出現 3 次。這時，他有可能做出「這是一枚容易擲出正面的硬幣」這種結論。

這種**根據少少幾次測試所得到的結果做出錯誤判斷的現象**，稱為**小數定律**。看名稱就知道，小數定律是參考大數定律來命名的。

你對湊巧形成的模式有什麼感覺？

小數定律的**發生原因，在於以為大數定律只需少少幾次測試就會成立**。實際擲 10 次硬幣時，正面與反面各出現 5 次的機率是 24.6%，正面偏多或反面偏多的機率比較高。但是，我們會覺得既然硬幣擲出正面或反面的機率相等，那麼擲了 10 次後，正面與反面應該各出現 5 次才對。這種誤解就是小數定律。

舉個類似的例子，請想像一下從 4 個選項中選出正確答案的劃卡測驗。有時我們會連續 2、3 題選擇同一個號碼。這種時候，你會不會擔心是某一題寫錯了答案呢？因為一想到正確答案的號碼是隨機分配，我們就會覺得同一個號碼連續作為正確答案的可能性很低。不過，既然 1～4 號成為正確答案的機率是相等的，3 題的正確答案為「1、2、3」的機率與「1、1、1」的機率其實是一樣的。

只要有「隨機」這一前提，我們就會覺得同一個東西連續獲選是很不合理的。這是因為我們難以想像，同一個號碼或記號是湊巧排在一起的。因此，蒐集到少量資料時，如果看得到某種趨勢，我們會覺得這個趨勢不是偶然得到的結果。

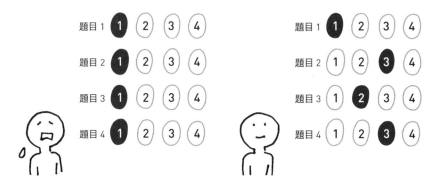

同一個號碼連續出現，就覺得這不太可能是正確答案

以寫評價的人數來判斷口碑評價的可信度

我們這種源自小數定律的謬誤，有時也會被運用在行銷上。

假設現在，你很煩惱要不要購買某項商品或服務。這種時候，應該有不少人會先瀏覽口碑評價，蒐集該項商品或服務的資訊後再做判斷。

口碑評價是購買者針對商品留下的評價。這種口碑評價是由部分購買者所寫，並沒有辦法反映全體購買者的意見。但是，我們在瀏覽口碑評價時，如果看到很多好評就會覺得那是好商品，反之負評很多的話就會考慮放棄購買。

瀏覽口碑評價時，你會注意寫評價的人數嗎？如果人數很多，這些口碑評價或許就有一定的可信度。相反的，**如果人數很少，這些口碑評價就可能帶有偏頗**。

作為根據的資料數量夠多嗎？

最後舉幾個平常看得到的、小數定律造成的盲信例子吧。

我們有時會看到「○％的人感覺有效」這種行銷廣告，但大多不曉得實際上是幾個人覺得有效。像這種廣告，若是 10 人中有 8 人覺得有效，它就可以說 80％的人感覺有效。不過，這種只調查 10 個人的資料，我們應該要質疑它的可信度。

有些宣傳也存在小數定律的陷阱，例如得知名人或經營社群網站的網紅投資成功或瘦身成功時，**即便這只是一個人的成功經驗，我們也會覺得自己能用相同的方法獲得成功**。但是，這類經驗有可能只是湊巧成功，當事人使用的方法並不具有再現性。因此，根據少數人的成功經驗來做判斷並不恰當。

我們的周遭充斥著，以各種資料為根據發布出來的資訊。不過，要判斷這些資訊是否真的可以信任，就必須注意蒐集到的資料有多少數量。

參考文獻

Amos Tversky and Daniel Kahneman, "Belief in the law of small numbers", Psychological Bulletin: 76, 105-110, 1971.

Amos Tversky and Daniel Kahneman, "Judgment under Uncertainty: Heuristics and Biases", Science: 185, 1124-1131, 1974.

Gary Smith, "Standard Deviations: Flawed Assumptions, Tortured Data, and Other Ways to Lie with Statistics", Harry N. Abrams, 2014.〔繁體中文版：蓋瑞‧史密斯（劉清山譯）《常識統計學：拆穿混淆的假設、揪出偏差的數據、識破扭曲的結論，耶魯大學最受歡迎的十八堂公開課》日出出版。〕

16

顯著性謬誤
Significance Fallacy

「新藥無效」與「不能說新藥有效」這2句話大不相同。

意　思	對統計假說檢定的顯著性做出錯誤解釋。
關　聯	檢定的多重性（→第160頁）

透過假說檢定進行驗證

存在於我們生活周遭的商品當中，有些是已驗證過真有效果、無安全性問題才上市販售的，醫藥品就是其中一個貼近我們的例子。除此之外，企業也會進行廣告有無宣傳效果之類的比較。

統計學是使用**假說檢定**來進行這類比較。這個方法是**先蒐集資料，再驗證事前建立的假設是否正確。當假設與資料導出的結果之間，有不太可能偶然發生的差異時，就稱為「有統計顯著性」。**

不過，有研究者舉出對顯著性做出錯誤解釋的各種實例（Wasserstein & Lazer, 2016）。我們平常觀看的新聞，有時也會將錯誤的解釋原封不動地報導出來。本節就來看看這種**顯著性謬誤**吧。

「有統計顯著性」是什麼意思？

　　假說檢定中，跟想證明的假設相反的假設稱為**虛無假說**。

　　例如，若想證明「新藥有效」，那麼「新藥無效」就是虛無假說。反之，想證明的假設（新藥有效）稱為**對立假說**。在假說檢定中，若假設虛無假說是正確的，那麼當得到虛無假說為誤才能獲得的資料時，就會判斷有統計顯著性，捨棄虛無假說。也就是證明「新藥無效」的假設是錯誤的，判斷「新藥有效」的假設是妥當的。

　　我們可以刑事審判為例，說明這種假說檢定的概念。刑事審判分為控訴方（檢察官）與被控訴方（被告、辯護人）兩方，在這裡檢察官是研究者，被控訴方則是虛無假說。而檢察官（研究者）要針對「被告無罪（虛無假說是正確的）」這項主張，提出各種能夠否定的證據來證明「被告有罪（對立假說是正確的）」。

　　在假說檢定中被視為問題的狀況，就是「虛無假說是正確的，卻判斷對立假說是正確的」，以審判來說就是發生冤案。若要避免冤案，就必須蒐集足夠的證據主張被告有罪，而「有統計顯著性」則可說是蒐集到足以在審判上主張被告有罪的證據之狀態。

檢察官　證據1 證據2 證據3 證據4 證據5 證據6 …　被告

如果有足以否定被告無罪的證據，即可判斷有罪

認為有統計顯著性，故可捨棄虛無假說，採用對立假說

檢察官　證據1 證據2　被告

如果否定被告無罪的證據不足，就無法判斷是否有罪，因此視為無罪

認為無統計顯著性，故無法捨棄虛無假說，無法判斷對立假說是否妥當

假如被告是無辜的，那麼湊巧獲得許多可證明被告有罪的證據之機率應該很低吧。因此在統計學上，會根據當虛無假設為真時，偶然產生超出手頭資料的差異之機率來判斷有無顯著性。這個**機率稱為 p 值，一般若低於 0.05（5%），大多判斷為「有統計顯著性」**。

錯誤的顯著性解釋

關於新藥的治療效果，當能夠判斷為「有統計顯著性」（p 值低於 0.05）時，代表不太可能偶然取得證明新藥有治療效果的資料，故可以判斷「新藥有效」。

但是，判斷為「沒有統計顯著性」（p 值高於 0.05）時，卻不能做出「新藥無效」的結論。

以一般認知來看，既然有顯著性時可稱為「有效」，那麼無顯著性時認為「無效」似乎也沒問題。不過，拿前述的刑事審判例子來說，「無顯著性」是指，可以否定被告無罪、斷定他有罪的證據不充足，而不是否定被告有罪。

因此，**無顯著性時，正確的解釋是「不能說新藥有效」，而非斷定「新藥無效」**。

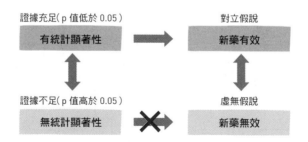

如何正確地理解統計調查？

這裡就以健康檢查之類的檢查為例，談談應該如何正確地理解調查結果吧。

假如做完檢查後結果為「無異常」，大部分的人應該都會認為自己很健康吧。這個「無異常」是指，自己的檢查值在參考範圍內。參考範圍的定義是：以健康者為對象實施檢查時，95％的人檢查值都會落在這個範圍內。也就是說，「無異常」其實是指你的檢查結果跟多數健康者的數值沒有差異，故正確的解釋是「不能說有異常」。

　　這裡要注意的是，參考範圍只用健康者的資料來設定，故身體某處有異常的人也有可能測得落在參考範圍內的數值。因此，就算你有某個症狀，仍有可能得到「無異常」的結果。

　　假如有報告表示，新藥的臨床試驗結束後未能得到統計顯著性，而電視新聞或報紙等媒體在報導時稱「新藥不具有效性」，這種情況就是對統計顯著性做出錯誤的解釋。只要我們了解統計上的解釋，觀看各種統計調查或媒體報導時應該就能正確地判斷了。

參考文獻

Ronald Wasserstein and Nicole Lazar, "The ASA Statement on p-Values: Context, Process, and Purpose", The American Statistician: 70, 129-133, 2016.

Tom Chivers and David Chivers, "How to Read Numbers: A Guide to Statistics in the News (and Knowing When to Trust Them)", Weidenfeld & Nicolson, 2021.

阿部真人《データ分析に必須の知識・考え方 統計学入門：仮説検定から統計モデリングまで重要トピックを完全網羅》Socym，2021年。

大久保街亜〈帰無仮説検定と再現可能性〉心理学評論：59, 57-67, 2016年。

加藤憲司〈統計的検定を考えるヒント〉医学界新聞：3093, 2014年。

檢定的多重性
Multiplicity of Tests

意 思	進行數次檢定，反而提高誤判有顯著性的機率。
關 聯	顯著性謬誤（→第156頁）

進行數次檢定後發生的問題

「顯著性謬誤」一節介紹了假說檢定這種統計學手法，許多地方都會運用到假說檢定，例如社會調查與醫療上的臨床試驗等等。

那麼，假設有 A、B、C 這 3 個班級，我們想知道這 3 個班級的學生之間是否有學力差距。這個時候，如何比較才妥當呢？如果單純想知道三者當中任一班級是否有學力差距，只要確定這 3 個班級之間存在著學力差距就好，沒必要判斷哪一班的學力比較高。

不過，如果要確定是哪一班有學力差距，就會考慮使用拿 A 班跟 B 班相比、A 班跟 C 班相比、B 班跟 C 班相比看看有無學力差距的方法。但是，在統計學上，這種進行數次假說檢定的方法已被發現有問題。那個問題稱為**檢定的多重性**。

從健康檢查來看檢定的多重性

為了幫助你了解檢定的多重性，這裡就來試想一下你在健康檢查中做了 10 項檢查的狀況吧。由於不曉得實際的檢查正確度，我們假設各項檢查將健康的你誤判為「異常」的機率都是 5%（即 100 位健康者接受檢查時，有 5 人被誤判為異常）。接著來看當你做完 10 項檢查時，任一項檢查出現錯誤結果的機率。

要計算這種機率，只要看所有檢查都出現正確結果的機率就好。以這個例子來說，要知道全部都是正確結果的機率，只要用 0.95（1 項檢查出現正確結果的機率）自乘 10 次（檢查項目的數量）即可，而這個機率是 0.95^{10}。因此，我們想知道的機率就是 $1-0.95^{10} = 0.401$。就算你很健康，任一項檢查偶然診斷為「異常」的機率仍接近 40%。

誤判機率高達 40% 的健康檢查有可信度嗎？

若把健康檢查中的檢查項目想成統計學的檢定，那麼健康檢查就是一面進行好幾種檢定，一面診斷自身的健康有無異常。檢定的多重性就是這樣的

所有檢查都正確判斷為「無異常」的機率
$0.95×0.95×···×0.95=0.95^{10}=0.599$（約60%）

10項檢查中，1項以上的檢查誤判為「異常」的機率
$1-0.95^{10}=1-0.599=0.401$（約40%）

1項檢查誤判的機率為5%（$1-0.95=0.05$），
但在有10個檢查項目的健康檢查中誤判機率上升至40%。

問題：**進行數個假說檢定時，某一個檢定誤判為「有顯著性」的機率比原本預料的高。**

多重性的問題與出版偏誤

多重性的問題也會發生在針對同一組資料，依照性別、年齡、職業等類別反覆檢定差異的情況。

舉例來說，假設我們想確定，某調查是否看得到男性與女性的差異，或是年齡層的差異等等。如果像下圖那樣依照各個類別反覆檢定，就有可能會得出某個類別有統計顯著性的結果。

如同前述，在檢定的多重性影響下，就算這個類別並無顯著性，最後仍有較高的機率會得到「有顯著性」的結果。因此，即使出現統計顯著性，也無法正確判斷到底是真有顯著性，還是偶然出現的差異。

除了這種問題外，在調查與研究上也看得到這樣的傾向：認為發表「有顯著性」的結果比較重要，其他的研究結果難以發表出來。這種**相較於肯定的結果（有顯著性），否定的結果（看不到顯著性）很難透過論文等途徑發表出來的狀態**，稱為**出版偏誤**（publication bias）。因此實際上，就算有多重性的問題，仍會因為出版偏誤而發生「只發表有顯著性的結果，無法得知被掩蓋的結果」這種狀況。

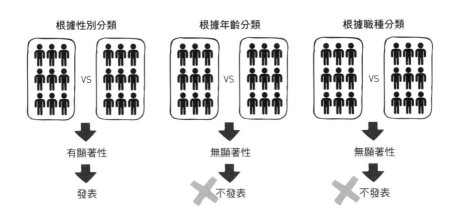

要留意統計分析的錯誤

就算一直反覆調查直到獲得調查者期望的結果為止，然後發表這唯一的成功案例，這個結果也只能算是偶然的產物吧。

但是，檢定的多重性問題發生在調查或研究階段，因此公布結果時我們大多不曉得過程中做了什麼樣的調查。不光是檢定的多重性，統計調查還有許多必須注意的問題，例如偏誤的存在或資料的樣本大小等等。

電視新聞或報紙的報導，或許也會藉由「在統計上是正確的」或「知名研究者表示」等說法，讓不熟悉該領域的人看了之後以為是千真萬確的事實。

但是，**統計分析的結果並非絕對正確，畢竟是由人所進行的事，故十分有可能在某個階段採用了錯誤的方法**。我們也有必要避免自己過度相信「統計」二字，從批判的角度觀察這些結果吧。

參考文獻

Muhammad Huque et al., "Multiplicity Issues in Clinical Trials with Multiple Objectives", Statistics in Biopharmaceutical Research: 5, 321-337, 2013.

Tom Chivers and David Chivers, "How to Read Numbers: A Guide to Statistics in the News (and Knowing When to Trust Them)", Weidenfeld & Nicolson, 2021.

阿部真人《データ分析に必須の知識・考え方 統計学入門：仮説検定から統計モデリングまで重要トピックを完全網羅》Socym，2021年。

水本篤〈複数の項目やテストにおける検定の多重性：モンテカルロ・シミュレーションによる検証〉外国語教育メディア学会機関誌：46, 1-19, 2009。

就連堪稱機率專家的數學研究者都會答
錯的難題。

蒙提霍爾問題
Monty Hall Problem

意 思	機率論的著名問題之一。直覺認為正確的答案其實是錯誤答案的代表例子。

關 聯	基本率謬誤（→第168頁）、檢察官謬誤（→第172頁）

什麼是蒙提霍爾問題？

請你先思考以下的問題。

現在，有一名挑戰者參加遊戲。這個遊戲準備了 3 道門，其中一道門的後面是豪華大獎。

挑戰者要從 3 道門中選出自己覺得有大獎的門。接著，遊戲主持人會打開另外 2 道門中沒有大獎的其中 1 道門，然後詢問挑戰者：「你要換成剩下的那道門嗎？」

那麼，關於此時挑戰者獲得大獎的機率，以下哪一個選項是正確的呢？

① 換門比較高。

② 不換門比較高。

③ 換不換都一樣。

這個問題稱為**蒙提霍爾問題**，名稱來自於 1960 年代開播的美國電視節目「Let's make a deal」主持人的名字。

最初選擇的門

其中 1 道門有大獎

主持人打開其中 1 道沒大獎的門後，變更選擇的門能提高答對的機率嗎？

到 底 該 不 該 換 門 ？

這個蒙提霍爾問題，很多人都認為獲得大獎的機率是③換不換都一樣。

但是，這個答案是錯的，正確答案是①換門比較高。看到這個答案，有些人可能會覺得奇怪。為什麼換門的話機率會提高呢？想知道答案不需要複雜的計算。我們就來實際計算一下，驗證看看機率是否會提高吧。

想求出蒙提霍爾問題的正確答案，重點就在於必須要事先決定要不要換門。

蒙提霍爾問題的解答

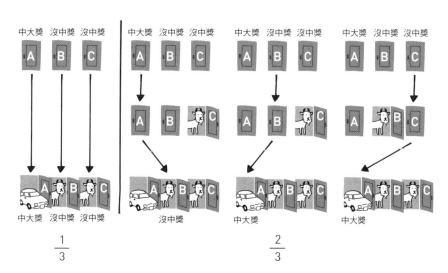

那麼，我們先決定不換門，然後再重新思考一次蒙提霍爾問題吧。

首先，從 3 道門中選出 1 道門時，選到大獎那道門的機率是 3 分之 1。接著，主持人會問要不要換門，由於已經決定不換門，第 1 次選的門必須是有大獎的門才行。換言之，如果不換門，獲得大獎的機率，跟一開始就選對的機率一樣都是 3 分之 1。

接著，我們來思考決定換門的情況。若是一開始選到沒大獎的門，由於另一道沒大獎的門會被主持人打開，挑戰者只要換門就一定會選到有大獎的門。因此，**換門時獲得大獎的機率，跟一開始沒選對的機率一樣都是 3 分之 2，由此可知機率比不換門時還高**。

如果門有100萬道呢？

蒙提霍爾問題是要人比較「瞎選的門中大獎的機率」與「瞎選的門沒中獎的機率」。

不過，即使看了前面的說明，應該還是有人無法接受吧。

那麼，若改成**一開始有 100 萬道門這種極端的遊戲，各位或許就能夠理解了**。不消說，當中只有 1 道門有大獎。這時，「從 100 萬道門中瞎選到有大獎的門之機率」，與「從 100 萬道門中瞎選到沒中獎的門之機率」何者比較高呢？這種時候，多數人都會回答後

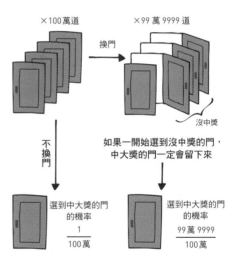

×100 萬道　　　　×99 萬 9999 道

換門

沒中獎

不換門

如果一開始選到沒中獎的門，中大獎的門一定會留下來

選到中大獎的門的機率
$\dfrac{1}{100萬}$

選到中大獎的門的機率
$\dfrac{99萬9999}{100萬}$

者比較高吧。而且之後，這 99 萬 9999 道門只會留下其中 1 道門。現在你是不是覺得換門的話中獎機率比較高呢？

與感覺相反的機率

蒙提霍爾問題為什麼有名呢？原因在於，這個問題於美國掀起了一陣關於正確答案的討論熱潮。1990 年，某雜誌專欄刊登了蒙提霍爾問題與解答，結果許多人投書指稱答案是錯的。後來證明專欄刊登的解答才是對的，而投書指稱答案錯誤的讀者當中竟有不少人是數學家。

面對蒙提霍爾問題，就連堪稱機率專家的研究者都會答錯。 數學問題（尤其是跟機率有關的問題）只要前提條件不一樣，正確的機率就會改變。

像蒙提霍爾問題這樣的現象，幾乎不會發生在我們的日常生活中。不過，理解這個問題的意義在於，發現「符合自身感覺的資訊未必是正確的」。要做出正確的判斷，就必須懷疑自身的感覺。

參 考 文 獻

Donald Granberg and Thad Brown, "The Monty Hall Dilemma", Personality and Social Psychology Bulletin: 21, 711-723, 1995.

Gary Smith, "Standard Deviations: Flawed Assumptions, Tortured Data, and Other Ways to Lie with Statistics", Harry N. Abrams, 2014.〔繁體中文版：蓋瑞‧史密斯（劉清山譯）《常識統計學：拆穿混淆的假設、揪出偏差的數據、識破扭曲的結論，耶魯大學最受歡迎的十八堂公開課》日出出版。〕

Luis Fernandez and Robert Piron, "Should She Switch? A Game-Theoretic Analysis of the Monty Hall Problem", Mathematics Magazine: 72, 214-217, 1999.

神永正博《直感を裏切る数学》講談社（BLUE BACKS），2014年。

高橋昌一郎（監修）《絵でわかるパラドックス大百科：増補第2版》Newton Press，2021年。

假如發病者做了檢查後有80％的機率呈現陽性，
當自己是陽性時，已發病的機率是幾％呢？

基本率謬誤
Base-Rate Fallacy

意　思	忽視作為前提的機率資訊，根據簡單易懂的資訊憑直覺做判斷。

關　聯	蒙提霍爾問題（→第164頁）、檢察官謬誤（→第172頁）

▌檢查呈現陽性時，已發病的機率是多少？

確認有無罹患某種疾病的檢查，就算得出的結果為陽性，這個結果也未必正確。

有關新冠疫情的報導就曾出現「偽陽性」一詞而引發討論。檢查結果有時也會發生這種偶然呈現陽性的情況。

那麼，我們就用以下的例子（西田＆服部，2011）來想一想，假如已經知道這種檢查可能出錯的機率，我們有沒有辦法判斷自己是否真的罹患疾病。

假設參加乳癌篩檢的 40 幾歲女性，本身真的罹患乳癌的機率是 1％。如果參加者罹患了乳癌，則該位女性的篩檢結果為陽性的機率是 80％。反之，如果參加者未罹患乳癌，篩檢結果為陽性的機率是 9.6％。

這時，有位 40 幾歲的女性篩檢結果為陽性。這位女性真的罹患乳癌的機率可能是幾%呢？

關於這個問題，多數人會回答 80%。但是，該女性真的罹患乳癌的機率其實更低，大約 7.8%。如果你沒得出正確答案，很有可能是因為**基本率謬誤**。

基本率謬誤的概念圖

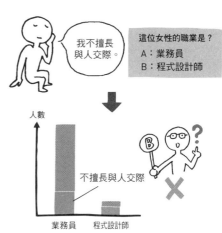

為什麼無法正確地判斷？

基本率是指，**在對象團體中發生現象的比率**（例如，1 萬名篩檢對象中若有 100 位罹患者，便可算出基本率為 $\frac{100}{10000}$）。如果是前述的乳癌問題，基本率就是 40 幾歲女性當中罹患乳癌者的比率（盛行率），即 1%。基本率謬誤顧名思義，就是**下判斷時沒有考慮到這個基本率**。

我們來實際計算看看正確的機率吧。假設有 1 萬名 40 幾歲的女性接受乳癌篩檢。盛行率是 1%，故罹患乳癌的人有 100 人。這 100 人當中，被診斷為陽性的機率是 80%，故有 80 人診斷正確，有 20 人誤判為陰性。另外，未罹患乳癌的 9900 人當中大約有 950 人（9.6%）會誤判為陽性。因此，9900 人當中，有 8950 人正確診斷為陰性。

表 1 整理了以上的數字。從表 1 可知，無論有沒有罹患乳癌都會被診斷為陽性的人，1 萬人當中有 1030 人。換言之，某位 40 幾歲的女性被診斷為陽性

表 1　盛行率為 1% 時的陽性人數

	陽性	陰性	合計
有乳癌	80	20	100
無乳癌	950	8950	9900
合計	1030	8970	10000

時，其已罹患乳癌的機率為 $\frac{80}{1030}$，大約是 7.8％。

之所以會發生基本率謬誤，是因為忽視接受篩檢的團體盛行率，以為罹患乳癌的人被診斷為陽性的機率（80％），與被判斷為陽性的人真的罹患乳癌的機率（7.8％）是相同的。

盛行率變高，已發病的機率會有什麼變化？

獲得「被診斷為陽性的人已罹患乳癌的機率為 7.8％」這項資訊時，或許有人會對篩檢的正確度抱持疑問。當篩檢結果為陽性時，如果必須動手術，陽性者當中真正需要動手術的人只有 7.8％，其餘 92.2％的人則等於要接受沒必要的手術。由此看來，7.8％顯然可以說是很低的機率。若要提高這個機率，只要提升基本率（即盛行率）就好。

舉例來說，如果事前先由醫師診察，再對盛行率 95％的 1 萬名 40 幾歲女性進行篩檢，結果就如表 2。

當盛行率為 95％時，被判斷為陽性的人已發病的機率是 $\frac{7600}{7648}$，大約是 99.4％。由此可見，篩檢結果的可信度與盛行率有很大的關係。

當我們接受篩檢時，會留意盛行率的人應該不多。因此，誤把「自己已發病時篩檢結果為陽性的機率」，當成自己真的發病的機率也沒什麼好奇怪的。

不過，我們真正想知道以及必須知道的是，「被診斷為陽性時自己已發病的機率」。

表 2　盛行率為 95％時的陽性人數

	陽性	陰性	合計
有乳癌	7600	1900	9500
無乳癌	48	452	500
合計	7648	2352	10000

真正的滿意度是幾％？

最後來看看日常生活中有可能發生的、有關基本率謬誤的現象。

舉例來說，一般的商品口碑評價是由購買商品者按 5 個等級評分，不過

這種評價有多少可信度呢？

當給某商品評價的購買者有 1000 人時，如果有 800 人給高分評價（5 或 4），我們可以認為這項商品的滿意度是 80％嗎？或許有人會覺得「高分評價多就是好商品」，於是就毫不猶豫地選擇購買。

不過，千萬別忘了，80％這個數字是代表「購買商品的人當中，留下口碑評價的人」的滿意度。如果不曉得購買商品的人當中，留下口碑評價的人占多少比率，就不會知道 80％這個數字有多少可信度。但是，很少有人會去想到留下口碑評價者的比率吧。

我們在判斷某件事時，有可能不自覺地忽視基本率。希望大家在根據機率或比率做判斷時，也別忘了考量基本率。

參考文獻

Maya Bar-Hillel, "The Base-Rate Fallacy in Probability Judgments", Acta Psychologica: 44, 211-233, 1980.

Tom Chivers and David Chivers, "How to Read Numbers: A Guide to Statistics in the News (and Knowing When to Trust Them)", Weidenfeld & Nicolson, 2021.

西田豐、服部雅史〈基準率無視と自然頻度の幻想：等確率性仮説に基づく実験的検討〉認知科学：18, 173-189, 2011。

冤案來自於錯誤的機率解釋與偏誤。

20

檢察官謬誤
Prosecutor's Fallacy

意　思	運用統計推論證明法律上的證據能力時，做出了錯誤的機率解釋。

關　聯	蒙提霍爾問題（→第164頁）、基本率謬誤（→第168頁）

發生檢察官謬誤的第 1 起案例

首先介紹 1968 年於美國加州進行的某強盜案的審判。

在這場強盜案的審判中，一對夫妻以被告人的身分出庭。檢察官提出「強盜犯是綁著馬尾的金髮白人女性，她搭上由上脣與下巴都蓄著鬍子的黑人男性駕駛的黃色汽車之後，逃離了現場」這段目擊證詞，並以此當作證明這對夫妻是犯人的證據。

不過，檢方除了目擊證詞之外拿不出其他證據，於是列出犯人的 6 項特徵，請數學專家分析符合各項條件的機率，將專家的意見當作證據。此外，檢方表示，完全符合這 6 項條件的男女組合存在機率，以各個機率相乘計算是 1200 萬分之 1（表1）。

換言之，與目擊證詞一致的男女湊巧存在的機率極低，故檢方主張這對夫妻無辜的可能性也極低。

看完檢方的主張後，你認為這對夫妻有罪還是無罪呢？在現實的審判

表 1

條件	機率
金髮女性。	$\frac{1}{3}$
綁馬尾的女性。	$\frac{1}{10}$
上唇蓄著鬍子的男性。	$\frac{1}{4}$
下巴蓄著鬍子的男性。	$\frac{1}{10}$
白人與黑人夫妻（情侶）。	$\frac{1}{1000}$
車子是黃色的。	$\frac{1}{10}$

存在機率 $\frac{1}{1200\text{萬}}$

中，這對夫妻最後獲判無罪。而這場審判，是第 1 起注意到**檢察官謬誤**這個問題的案例。

檢察官犯下的錯誤

在這個案例中，檢察官犯了什麼錯誤呢？檢方犯了好幾個錯誤，其中最大的錯誤，就是認為符合目擊證詞的男女存在機率，跟那對夫妻無辜的機率是一樣的。

1200 萬分之 1 確實是很低的機率。但必須注意的是，這個機率是「某對夫妻或情侶符合所有條件的機率」。檢察官只證明了符合條件的男女極少，並非證明只有被告夫妻符合條件。

我們並不清楚在不特定多數的夫妻或情侶當中，符合條件的男女實際上有幾對。如果符合條件的男女組合有 2 對以上，被告夫妻無辜的機率就高於 1200 萬分之 1。

這個案例的檢察官，即是**根據錯誤的機率解釋，做出了有可能造成冤案的判斷**。

能夠從DNA鑑定的準確度得知的事

前述的例子是國外案例，可能有些人會覺得跟自己沒什麼關係。不過，日本也發生過因檢察官謬誤而造成冤案的案例。以下就介紹其中一例——足利事件。

1990 年栃木縣足利市發現一具女童屍體，一名男子被當成嫌疑犯逮捕，後來男子被判處無期徒刑。在這場審判中，DNA 鑑定結果被認為具有證據能力，因此確定判決有罪。足利事件之所以會做出錯誤判決，原因在於對 DNA 鑑定的準確度做出了錯誤的解釋。

DNA 鑑定的準確度，是代表「當鑑定對象不是犯人時，DNA 一致的機率」。至於我們真正想知道的，則是「當 DNA 一致時，鑑定對象是犯人的機率」。這 2 種機率明顯不一樣。

當時的 DNA 鑑定準確度，大約是每 1000 人就會驗出 1 人相符。1990 年當時足利市人口約 16 萬人，故 DNA 鑑定結果一致的人物光是足利市就有 160 人左右。

換言之，**當 DNA 鑑定結果一致時，被告男子為凶手的機率是 $\frac{1}{160}$（約 0.6%），可見鑑定結果並非能夠證明男子為凶手的決定性證據**。

但是，許多參與審判的相關人士都認定，DNA 鑑定的準確度正是確定男子為凶手的證據，所以最後才會判決男子有罪。後來這個 DNA 鑑定結果，透過準確度更高的方法證明是錯誤的，男子總算於 2010 年再審時獲判無罪。

目前 DNA 鑑定的準確度非常高，已達每 4 兆 7000 億人才會驗出 1 人相符的水準，因此應該不容易再發生如足利事件這種冤案吧。但是，無論準確度變得有多高，DNA 鑑定準確度的解釋還是一樣。

國民法官制度上路後，我們也有機會參與重大案件的審理，這時有可能會遇到以機率解釋作為判斷標準的情況吧。除此之外，媒體也有可能報導錯誤的解釋。我們應以足利事件等案例為教訓，注意機率的解釋。

變成冤案的足利事件與檢察官謬誤

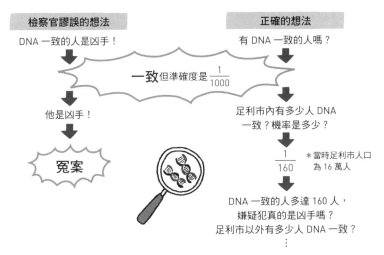

檢察官謬誤的想法	正確的想法
DNA 一致的人是凶手！	有 DNA 一致的人嗎？

一致 但準確度是 $\frac{1}{1000}$

他是凶手！

足利市內有多少人 DNA
一致？機率是多少？

$\frac{1}{160}$　＊當時足利市人口
　　　　　　為 16 萬人

冤案

DNA 一致的人多達 160 人，
嫌疑犯真的是凶手嗎？
足利市以外有多少人 DNA 一致？
⋮

參考文獻

Carl Bergstrom and Jevin West, "Calling Bullshit: The Art of Skepticism in a Data-Driven World", Random House, 2020.〔繁體中文版：卡爾‧伯格斯特姆、杰文‧威斯特（楊惠婷、沈聿德譯）《數據的假象：數據識讀是深度偽造時代最重要的思辨素養，聰明決策不被操弄》天下雜誌。〕

Leung Ching, "The Prosecutor's Fallacy - a Pitfall in Interpreting Probabilities in Forensic Evidence", Med Sci Law: 42, 44-50, 2002.

Tom Chivers and David Chivers, "How to Read Numbers: A Guide to Statistics in the News (and Knowing When to Trust Them)", Weidenfeld & Nicolson, 2021.

第 **III** 章

從資訊科學了解
認知偏誤

「為什麼這些人都不會生氣呢？」
「為什麼要一直攻擊那個人呢？」
自從社群網站興起、看得到不特定多數人的意見後，
想必不少人都感受到這種社會的分裂。
但是，你平常所見的景色，
不見得跟他人看到的一樣。
了解第Ⅲ章解說的認知偏誤，
應該能夠更新你對世界的看法吧？

01

可得性捷思法

Availability Heuristic

意　思	根據自己常見的東西、留下印象的東西、容易接觸的資訊來做決策或判斷。

關　聯	大臭鼠效應（→第190頁）、凸顯性偏誤（→第230頁）

▍莫名其妙的廣告之謎

　　為了在電視或其他媒體上投放我們平常不會刻意觀看的廣告，企業投入了大筆金錢。以日本的情況，若選在熱門節目收視率高的時段播放或是播放多支廣告，光是播放費用就高達數億日圓規模，此外製作費與藝人的簽約金也很可觀。花了那麼大筆錢就只為了播出藝人喝完茶後露出微笑，或是美麗的風景配上企業的標誌這類觀眾看了不覺得有趣的影片，真的值得嗎？各位不覺得很奇怪嗎？

　　但是，當自己必須趕快從陳列數種商品的貨架上選出一種商品時，或是喉嚨很渴想在自動販賣機隨便買罐飲料時，人通常會選擇曾在廣告上看過的商品。只不過，絕大多數的人並非有意識地認為「就買在廣告上看過的這個商品吧」。然而，廣告對許多人的決策造成的影響，大到足夠讓企業回收廣告費用。

　　這是因為，**即使是在不自覺的狀況下，人往往也會根據自己見過的東**

演算法與捷思法的比較

	演算法	捷思法
做出決策的時間	慢	快
程序步驟	複雜、固定	簡單、不固定
答案的正確性	高	低
臨機應變	弱	強

根據經驗（捷思法）或客觀規則（演算法）所做的決策之差異。

西、留下印象的東西來下決策。這種認知偏誤稱為**可得性捷思法**，「可得性」是指容易想起來的程度，「捷思法」的英文「heuristic」則是「經驗法則的」、「嘗試錯誤的」之意。換言之，可得性捷思法就是下意識地根據經驗做決策。

苦差事總是分派給自己？

你是否曾經覺得，無論求學、工作還是交友，別人總是把雜務推給自己呢？不過，對方說不定也有同樣的感覺。這種情況也有可能是受到可得性捷思法的影響。

舉例來說，家事是無數項瑣碎作業的累積，例如清掃排水溝、漂白砧板、換垃圾袋等等。這些無名家事，他人做的很難被我們看見，但若是自己做的就會記得一清二楚。

也就是說，我們會以為雜務或家事都只有自己一個人在做。為了佐證這項事實，有研究者針對夫妻各別詢問自己對家事的貢獻度，結果兩者合計大多會超過 100%（Ross & Sicoly, 1979）。**要是沒發覺可得性捷思法的結構（只重視自身經驗的偏頗判斷），就只會注意自己為對方做的事，不會感謝對方為自己做的事**，於是兩人最後就會吵起來。

自己對家事的貢獻度有多少？

你根本沒有
做多少事吧！

我也有做啊！

自我評價

丈夫　妻子

自我評價

丈夫

妻子

雙方都容易高估自己的貢獻度。

這個思想真的是你的思想嗎？

對國家、人種、世代、性別、政治、宗教的想法等各種價值觀，都與可得性捷思法有關。

受到身邊的人所說的話、國家的政策或媒體發布的資訊影響後，我們會覺得特定立場的思想是理所當然的。於是，我們有可能不重視其他觀點，沒辦法如實看待事物，而且甚至對此毫無所覺。

尤其媒體偏愛報導稀奇的事件、悽慘的事件，或是會激起負面情緒的社會問題。這些事件或問題未必經常在社會上發生，可是卻會給觀眾留下深刻印象，讓人覺得發生的頻率比實際的頻率還高。但是希望各位特別注意，這種感覺不見得真的反映了社會的全貌。

實際上，**青少年犯罪與全球的飢餓、貧困問題有逐年減少的趨勢，但許多人對社會情勢的看法卻比實際情況還要悲觀。**

不光是他人的意見或資訊，自己的經驗對判斷標準的影響更是強烈。例如，情人出軌或遭小偷時，會忍不住覺得「男人／女人都會出軌」或「人只要有可乘之際就會遭竊」等等，總之就是認為事件的發生機率比實際的機率還高。

■ 如何防止可得性捷思法的不良影響？

那麼，為什麼人會具備可得性捷思法這種令人做出錯誤判斷的功能呢？

可得性捷思法本身**就像是一種捷徑，幫助我們有效率地使用大腦，故可以說若要讓自己根據經驗法則做判斷，不必為日常生活中繁雜的選擇——煩惱，就不能缺少這個功能**。世界很複雜，資訊也多到數不清。要分辨所有資訊並判斷事物，不僅要花費龐大的時間，大腦也會疲勞。

不過，可得性捷思法會產生前述的副作用。尤其自己與他人或周遭之間的關係，容易因為每個人的可得性捷思法互相對立而陷入泥沼。這種時候，建議從了解如實看待事實的難度之角度，花點工夫蒐集資訊，客觀地審視問題。不要走向因對立或分裂而使雙方變得更加激進的局面，而是摸索可以讓步的部分或可以妥協之處，用這種態度去面對應該會比較容易掌握解決問題的線索。

參 考 文 獻

Daniel Kahneman and Amos Tversky, "Availability: A Heuristic for Judging Frequency and Probability", Cognitive Psychology: 5, 207-232, 1973.

Amy Maxmen, "Three Minutes with Hans Rosling Will Change Your Mind about the World", Nature: 540, 330-333, 2016.

Hans Rosling et al., "Factfulness Illustrated: Ten Reasons We're Wrong about the World - and Why Things are Better than You Think", Sceptre, 2019. 〔繁體中文版：漢斯・羅斯林等人（林力敏譯）《真確：扭轉十大直覺偏誤，發現事情比你想的美好》先覺。〕

Michael Ross and Fiore Sicoly, "Egocentric Biases in Availability and Attribution", Journal of Personality and Social Psychology: 37, 322-336, 1979.

鈴木宏昭《認知バイアス：心に潜むふしぎな働き》講談社（BLUE BACKS），2020年。

高橋昌一郎《感性の限界》講談社（講談社現代新書），2012年。

結果固然重要，但也要關注原因與產生
結果的過程。

倖存者偏誤
Survivorship Bias

| 意　思 | 對於某個對象，不看失敗案例，只著眼於一部分的成功案例，並以此為標準來做判斷。 |

| 關　聯 | 可得性捷思法（→第178頁）、凸顯性偏誤（→第230頁） |

閱讀考取經驗談的效用

你有看過考取經驗談嗎？考上難度極高的大學某學院的學長姐，都會分享自己準備考試的過程，例如：

「每天念書○小時，一再地練習這本參考書裡的題目。」

原來如此，既然這樣自己應該也能輕鬆考上那所難度極高的大學……看完學長姐的經驗談後，自己就會擺脫備考期的不安，變得積極又樂觀。仿效成功者的經驗，確實是一種幫助我們達成目標的正統方法。但是，當中也有人是抱著抓救命稻草的心情，過度相信單一樣本的成功經驗。

上述的例子或許很極端，不過當我們想達成什麼目標時，往往會注意成功人士的意見或經驗。像這類**以成功的人物或現象為標準去判斷事物，容易讓自己忽視失敗的案例**，這種情況就稱為**倖存者偏誤**。

存在於我們身邊的倖存者偏誤

現實生活中有許多容易陷入倖存者偏誤的例子。

舉例來說，假設有位名人主張「不打○○疫苗絕對比較安全，口罩也不必戴」。而且，這位名人與其他意見相同的人實際上看起來也很健康。

於是，就有愈來愈多人覺得這項主張很有說服力，認為打疫苗與戴口罩不僅沒有意義，反而是有害的。相信各位只要回顧新冠疫情期間發生的爭論，應該就能理解這種情況。

這種反對打疫苗或戴口罩的人，有可能是陷入倖存者偏誤，忽視沒打疫苗而染疫的重症患者的呼籲，或是染疫死亡者的案例。要比較有打疫苗者與沒打疫苗者的正確死亡率，就得拿出可信度高的資料，否則不能很肯定地說某一方的死亡率比較高吧。

再舉個例子，假設有個會員制服務的客戶滿意度高達 90%。但是，這份資料並不包含不滿意服務而退會的人。**如果沒想到這一點，覺得數字是可信的，那就可以算是陷入倖存者偏誤**吧。

貓從愈高的地方摔下來愈容易得救？

貓咪突然從 2 樓以上的高樓層跳下來的現象，被稱為**貓咪高樓症候群**（high-rise syndrome 或 flying cat syndrome），某個有趣的研究分析了貓咪高樓症候群的案例（Vnuk et al., 2004）。

調查發現，從高樓大廈摔落的 115 隻貓當中，自 9 樓以上高度摔落的貓死亡率是 5%，而比 9 樓低的樓層摔落的貓死亡率是 10%。起初，這個結果讓專家認為「從愈高的樓層摔下來的貓生存率愈高」。推測可能是因為從高處墜落的話，滯空時間比較長，貓能夠採取著地姿勢。

不過，這裡也存在著倖存者偏誤。此時要注意的是，墜落後死亡的貓不會送到醫院。從高樓層墜落後，如果是重傷或當場死亡，有些飼主會放棄把貓送去醫院吧。反之，如果是從低樓層墜落，即便摔成重傷，飼主也有很高的機率會把貓送去醫院，期盼牠能活下來。如果是從高樓層墜落，只有因為

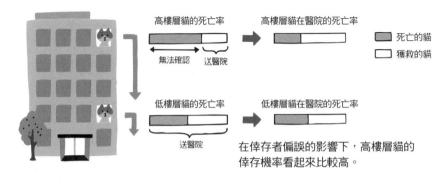

從貓咪高樓症候群的分析看倖存者偏誤

高樓層貓的死亡率　　　高樓層貓在醫院的死亡率

無法確認　送醫院

死亡的貓
獲救的貓

低樓層貓的死亡率　　　低樓層貓在醫院的死亡率

送醫院

在倖存者偏誤的影響下，高樓層貓的
倖存機率看起來比較高。

樹木變成網子減緩衝擊等緣故，奇蹟似地只受到輕傷的貓才會被送去醫院。

　　生存率本來是從高樓層墜落的貓比較低，但由於被送到醫院的貓當中從高樓層墜落的貓生存率比較高，所以才使得從高樓層墜落的貓生存率看起來比較高。

　　像這樣**只看結果來推測過去的原因，就會掉進倖存者偏誤的陷阱，因而無法正確地看待事物**。

▌戰鬥機的倖存者偏誤

　　最有名的倖存者偏誤案例，是發生在戰爭期間有關戰鬥機該補強哪個部位的問題（Wald et al., 1943）（也有一說這是虛構故事）。

　　第二次世界大戰期間，軍方決定檢查平安返回的戰鬥機，補強受損的部位。這時，海軍的研究者提議幫彈孔最多的部分加強裝甲。

　　但是，某位統計學家並不贊同這個想法，他表示：

**應該補強中彈返回的
戰鬥機上哪個部位？**

「從戰場返回的是沒被擊墜的戰鬥機，因此最該考慮的其實是，未能平安返回的戰鬥機中彈的部位。」能夠平安返回的戰鬥機，是因為沒被擊中重要的部位，才沒有被擊落。換句話說，應該加強裝甲的不是生還戰機的中彈部位，而是沒中彈的部位。

如何避免被倖存者偏誤欺騙？

一般人都是根據自己看到的東西來判斷事物。但是，藏在背後的東西也必須考量進去才行。要避免倖存者偏誤，重點就是觀察過去至今的變化，想像露出笑容的人背後，其實還有人在哭泣。

就算練習考取經驗談提到的參考書題目，可能還是有很多人考不上那所學校。明明用同一本參考書做練習，考上的人跟沒考上的人有什麼不同？真正的考取祕訣就在那裡吧。

從行為經濟學
從統計學
從資訊科學

參考文獻

Daniel Kahneman and Amos Tversky, "Availability: A Heuristic for Judging Frequency and Probability", Cognitive Psychology: 5, 207-232, 1973.

Gary Smith, "Standard Deviations: Flawed Assumptions, Tortured Data, and Other Ways to Lie with Statistics", Harry N. Abrams, 2014.〔繁體中文版：蓋瑞・史密斯（劉清山譯）《常識統計學：拆穿混淆的假設、揪出偏差的數據、識破扭曲的結論，耶魯大學最受歡迎的十八堂公開課》日出出版。〕

Drazen Vnuk et al., "Feline High-rise Syndrome: 119 cases (1998-2001)", Journal of Feline Medicine & Surgery: 6, 305-312, 2004.

Abraham Wald, "A Method of Estimating Plane Vulnerability Based on Damage of Survivors", Statistical Research Group, Columbia University: CRC 432, 1943.

高橋昌一郎《感性の限界》講談社（講談社現代新書），2012年。

就算是聰明人集結而成的組織，有時也
會做出離譜決定的原因。

有限理性
Bounded Rationality

意 思	就算要理性地做決策，人也只有有限的理性。
關 聯	後見之明偏誤（→第34頁）

第二次世界大戰日軍的判斷是不理性的嗎？

　　關於第二次世界大戰日本之所以戰敗的原因，一般大多認為是日軍的判斷不理性或結構不合理，才會敗給理性、合理的美軍。在已知日本戰敗結局的現代，我們進行分析時的確會受到倖存者偏誤（→第 182 頁）或後見之明偏誤的影響，於是就容易做出「當時的日本就是愚蠢、沒有判斷力」這樣的解釋。

　　然而，就算後世的人看了覺得不合理、不理性，對處在當時情況下的人而言，卻有可能是「最合理、最理性的判斷」。

　　在瓜達康納爾島戰役（Guadalcanal campaign）中，日軍面對擁有槍砲彈藥的美軍，卻一再採取使用刀劍等近戰武器的突擊戰術，結果造成 8500 人陣亡。對於這段歷史，許多人批評日軍實在既魯莽又不理性，但若考量當時陸軍的狀況，則會看到另一種景象。

●士兵所受的教育著重在過時的近接戰鬥。

●花了很長的時間與努力營造出肯定自我犧牲精神的氛圍。

●害無數勇敢的士兵在突擊中戰死。

●戰敗的話等著自己的就是被其他國家統治的悲慘未來。

到第 3 點為止都可以說是不理性的方針，但在做決定時沒辦法不去考量這幾點。至於第 4 點更是特別嚴重。從現在的角度來看，或許會認為在傷亡慘重之前早點投降就好了，但當時應該無法預測到，戰敗之後日本是否會變成現在的樣子。

如同上述，若考量到之前陸軍花費的龐大成本與風險，對日軍而言就算幾乎沒有戰勝的可能，選擇戰鬥也是合理的決定。

不光是這個例子，就算個人能夠配合當時的狀況採取合理的行動（**個人理性**），但當一大群的人組成一個組織時往往就會採取不合理的行動（**集體理性**）。**人想做出理性的決策，卻只能發揮有限的理性**，這種情況稱為**有限理性**。

放馬後炮的批判誰都會，但真正該注意的是，走到失敗的過程中經歷了多少困難。

英帕爾戰役的代理理論

英帕爾戰役（Battle of Imphal）被評為日軍史上最慘烈的戰役。作戰要花費很長的時間，但當時物資不足，日軍幹部也大多認為不可行，然而司令官牟田口中將卻一意孤行，最後導致 5 萬多名士兵在悽慘的狀況下死去。而且，絕大多數都是餓死或病死。就算在那種嚴酷狀況下選項有限，這場魯莽的戰役能夠用有限理性來說明嗎？

如下一頁的圖所示，英帕爾戰役的發生，可用**代理理論、道德風險現象**（moral hazard）、**逆選擇**（adverse selection）這 3 個名詞來說明。請各位先記住這 3 個名詞，接著來看決定實行英帕爾戰役的過程。

牟田口中將（代理人）利用大本營（委託人）僅有有限理性、未完全掌握

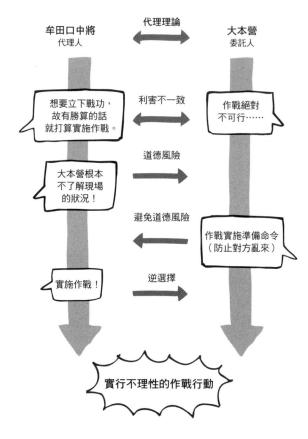

為什麼會發生英帕爾戰役呢？

現場情況這點，批評大本營根本不明白英帕爾戰役的必要性（道德風險）。

當時大本營採取「作戰實施準備命令」（有勝算時就實施作戰，沒勝算時就中止作戰的彈性命令）措施，決定等英帕爾作戰行動中止實施（避免道德風險的規則）。由於前線無人贊成打這場仗，故大本營認為作戰不會實施，明智的人則都保持沉默。

至於司令官則並未充分了解到英帕爾戰役有多魯莽，他認為只要這場戰役的成功機率不等於 0％，在政治上就有利可圖，於是為了實施這個作戰行動而大聲疾呼（逆選擇）。

如同上述，由於雙方各自採取有限理性的行動，最後才會實行不理性的作戰行動（菊澤，2017）。

人完全沒辦法活得理性

沒有人希望自己就業或結婚失敗。為了追求幸福的人生，大家應該都會以當時最合理的判斷去選擇就業的公司或結婚對象。然而，工作做到得憂鬱

症的人或離婚的人卻非常多。這是因為我們無法在事前得知所有資訊，做出完美的選擇。

所以說，**無論在什麼情況下人都只有有限的理性**。

企業的經營管理也可說是一樣的道理。據說大型石油公司並不怎麼積極開發新技術。將來石油應該會枯竭，若不以次世代能源為目標準備轉換方向，企業就會逐漸衰退吧。從第三者的角度來看，或許會覺得他們是滿足於舊利益的愚蠢企業。但是，企業的組織已變得巨大，在日本各地都有石油工廠，而且還與各種以石油為燃料或材料的企業有商業往來。在這種狀況下，要轉移到不知道會不會成功的新能源事業得花上龐大的交易成本。

無論是政治家或經營者等各領域的負責人，或是我們自己的家人，當他們失敗時大多會被我們批評不理性。但是在那個時候，人是不可能完全理性地行動。畢竟，就連我們自己都有可能陷入有限理性的陷阱。

參考文獻

Herbert Simon, "From Substantive to Procedural Rationality", Method and Appraisal in Economics, Cambridge University Press: 129-148, 1976.
菊澤研宗《組織の不条理：日本軍の失敗に学ぶ》中央公論新社（中公文庫），2017年。
高橋昌一郎《理性の限界》講談社（講談社現代新書），2008年。
高橋昌一郎（監修）《絵でわかるパラドックス大百科：増補第2版》Newton Press，2021年。

04 大臭鼠效應
Woozle Effect

書上所記載的、所引用的資訊，全都是真的嗎？

意　思	明明沒有證據或根據，卻因為頻繁提及或引用，讓人誤以為是事實的現象。
關　聯	可得性捷思法（→第178頁）

令人意外的大臭鼠效應名稱由來

Woozle 是《小熊維尼》裡的虛構動物，繁中版迪士尼動畫翻譯成「大臭鼠」。某天跳跳虎（一隻老虎，維尼的好朋友）告訴維尼，大象與黃鼠狼會來偷吃蜂蜜，但牠錯把 Elephant 念成 Heffalump（繁中版譯為大象怪），把 Weasel 念成 Woozles（繁中版譯為大臭鼠）。維尼很害怕，還做了一場大象怪與大臭鼠這 2 種不存在的動物跑來偷吃蜂蜜的惡夢。這個惡夢的內容，也能在迪士尼樂園的大型遊樂設施

190　04 ｜ 大臭鼠效應

「小熊維尼獵蜜記」裡看到。

　　某天，維尼繞著樹叢走著走著，發現地上有腳印。維尼認為那是大臭鼠的腳印，便與好朋友小豬一起追蹤大臭鼠。牠們在雜木林周圍繞了好幾圈，發現地上的腳印愈來愈多，因此愈來愈確信這裡的確有大臭鼠存在。然而，那些腳印其實是牠們自己留下的——。

　　就跟維尼追著持續增加的腳印，確信真有大臭鼠的故事一樣，**非事實的資訊若是頻繁地被社會引用，最後就會被當成事實或變成都市傳說**，這種現象稱為**大臭鼠效應**。

輕忽麻藥的危險性而演變成社會問題的案例

　　大臭鼠效應其中一個著名的例子，是 1980 年英國學術期刊上一篇主旨為「醫療麻藥不易成癮」的論文。該篇論文主張，從患者使用醫療麻藥的相關紀錄來看，麻藥並沒有社會擔心的那麼危險，不過這項研究原本只針對醫院內部的醫療麻藥使用情形來討論（Porter & Jick, 1980）。

　　然而，這篇論文後來被許多人引用，目的是為了主張在家中使用處方麻藥一樣不危險。

　　某製藥公司推出用途與嗎啡相似的藥物「羥考酮（Oxycodone）」時，就引用這篇論文標榜「成癮風險低」。著名的時代雜誌也稱這篇論文是「劃時代的研究，證明使用麻藥會出現成癮症狀的說法毫無根據」，羥考酮上市後論文的引用次數隨之激增。

　　結果，因為論文被引用者曲解，導致麻藥的安全性被高估，醫師大量開立麻藥，之後出現許多成癮患者演變成社會問題。製藥公司與管理層則因為宣稱羥考酮的成癮風險低，欺騙管制機關、醫師與病患而挨告，最後判決有罪（Zee, 2009）。

　　就像這個例子一樣，偶爾會有研究者根據錯誤的資訊來進行新的研究，並且未透過再現實驗進行佐證。

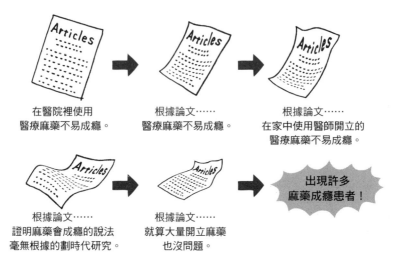

因大臭鼠效應而遭到曲解的論文內容

在醫院裡使用
醫療麻藥不易成癮。

根據論文……
醫療麻藥不易成癮。

根據論文……
在家中使用醫師開立的
醫療麻藥不易成癮。

根據論文……
證明麻藥會成癮的說法
毫無根據的劃時代研究。

根據論文……
就算大量開立麻藥
也沒問題。

出現許多
麻藥成癮患者！

防止大臭鼠效應的難度

在任何人都能輕鬆發布資訊的現代社會，大臭鼠效應的影響可以說變得更強烈了。

以名人的醜聞為例，只要假的告發或毫無根據的謠言在網路上流傳，就有可能因為大臭鼠效應而被人當成事實。一旦謠言擴散、引發網友大肆抨擊，要扭轉負面印象就很困難了。就算風波平息下來，化為「數位刺青（digital tattoo）」半永久地留在網路上的那些毫無根據的資訊，不知道何時又會被哪個人「引用」，再度引發問題。

實際上，真有藝人因為遭人謠傳是某起殘忍青少年犯罪案件的犯人之一，多年來一直被信以為真的人們誹謗中傷。

不只限於網路，在學校或公司的人際關係當中，也有可能發生類似的事吧。

如何正確閱讀引用了許多參考文獻的書籍？

看完本節後，或許有讀者會覺得「既然自己已經知道大臭鼠效應，就不會再受騙了」。然而，就是這種過度的自信使人判斷錯誤，希望各位要有這個自覺。

閱讀書籍或瀏覽網路上的資訊時，有時會看到「根據發表在學術期刊的〇〇研究，△△是正確的行為」之類的記述。這時，我們容易覺得「既然有學術證據……」，因而不加批評地接受那些意見。尤其當自己本身對於該領域缺乏既有的知識時，這種傾向會更加強烈吧。

不過，如同前述，就連一流的製藥公司與科學家都會被騙，希望各位要銘記在心。

一般而言書籍會參考許多文獻來撰寫內文，但就算是第一手資料，上頭記載的資訊仍有可能是錯誤的。因此，**閱讀書籍時，不要把內容當成「事實」，而是當成「有〇〇這種看法」、「據說是〇〇」等「知識」來理解，這才是比較明智的做法**。

參考文獻

Pamela Leung et al., "A 1980 Letter on the Risk of Opioid Addiction", New England Journal of Medicine: 376, 2194-2195, 2017.

Jane Porter and Hershel Jick, "Addiction Rare in Patients Treated with Narcotics", New England Journal of Medicine: 302, 123, 1980.

Art Zee, "The Promotion and Marketing of OxyContin: Commercial Triumph, Public Health Tragedy", American Journal of Public Health: 99, 221-227, 2009.

資訊科學
偏誤

05

谷歌效應

Google Effect

意　思	對於可用網路搜尋引擎輕鬆蒐集到的資訊，人的記憶能力會變差的現象。又稱為數位失憶。
關　聯	

輕鬆獲得大量資訊的問題

　　網際網路興起後，人類的習慣與文化在這幾十年間有很大的轉變，可以說變得格外方便了。不過，關注急劇發達的數位社會，與花了幾萬年緩慢演化的人體性質之間的摩擦也很重要。

　　其中一個摩擦就是稱為**谷歌效應**或**數位失憶**（digital amnesia）的現象。這是一種**只要想到資訊就儲存在電腦或智慧型手機裡，人便會下意識地不去記住這些資訊的傾向**。

　　為了帶各位了解谷歌效應的發生原因，我們先來看看人類大腦的記憶機制。

　　眾所周知，大腦是人體中會消耗大量能量的器官。以成人來說，大腦消耗的能量約占人體總消耗能量的 2 成。因此，人類的大腦具有盡可能節約能量的功能。

　　其中又以記憶消耗的能量特別多。要記住事物，就必須改變大腦神經細

谷歌效應的概念圖

上網就能輕易
取得的資訊……

容易忘記，難以變成知識。

胞的連結，尤其長期記憶需要經過複雜的程序。更新神經細胞後，還必須讓
電訊號不斷通過這個新的回路。

　　你應該曾為了背英文單字而一直寫或一直默念吧。就跟這種情況一樣，
要發出訊號，就必須集中精神不斷地注意那件事物。

　　換言之，對大腦而言固定記憶是很費力的重勞動，因此如果知道資訊已
儲存在某個地方，大腦就會轉為節約能量的運作方式。

　　有項實驗實際檢驗了大腦的這種特性。實驗者要受測者閱讀幾篇文章，
並告知他們必須記住文章內容。開始測驗之前，實驗者告訴其中一群受測者
這篇文章會儲存在電腦裡，並告訴另一群受測者文章會刪除。之後，便開始
測驗受測者記得多少文章（Sparrow et al., 2011）。

　　結果發現，**事先被告知文章會儲存在電腦裡的受測者記得的內容很少**。
值得注意的是，實驗者並未告知受測者之後能看電腦裡的資訊。不過，光是
得知資料會儲存在電腦裡這項事實，記憶力就會變差。

　　應該有不少學生會使用手機的相機功能，將老師上課的板書記錄下來
吧。這種時候，跟不用相機拍的人相比，用相機拍的人就可能較難深入理解
上課的內容。

數位機器奪走我們的注意力

雖然這件事跟谷歌效應無關，不過我們的注意力也很常會被數位機器或社群網站吸引過去。

以社群網站為例，使用者的使用時間愈長愈能帶來廣告收入，因此網站的系統運用了各種吸引注意力的技術。此外，社群網站特別能滿足尊重需求與社會歸屬感，像「按讚」之類的反應會影響大腦的獎勵系統。這時，人體會釋放在吃到美食或吸食麻藥時會分泌的多巴胺。

於是，我們就會一直很在意手機。就是這個緣故，我們的專注力才會不放在該做的事情上。可能每個人都有過這種情況，而且造成的負面影響其實很嚴重。

另外也有報告指出不使用手機的好處。據英國研究表示，**學校禁止使用智慧型手機後，學生的成績就進步了**（韓森，2021）。

防止自己被數位機器等事物奪走注意力的檢查清單

☐ 手機每天關機幾個小時。

☐ 設定 APP 一天可使用的時間。

☐ 手機不帶進臥室以免減少睡眠時間。

☐ 盡量關閉推播通知。

☐ 想集中精神時，把手機放在其他房間。

☐ 做運動以減輕壓力、提高專注力。

如何擺脫谷歌效應的負面影響？

現在可說是能立即取得許多資訊，進而只是單純背誦某些東西的能力很難得到肯定的時代。因此，有可能導致深入學習某個事物的意願下滑。

不過，多數的考試都禁止攜帶智慧型手機與電腦，因此還是有必須背誦的時候。也許有人會認為這種狀況不合理，但就算可使用智慧型手機或電腦查詢，基礎知識量愈多當然愈快找到需要的資訊，理解所需的時間應該也比較短。換言之，若要解決問題，事先將資訊儲存在自己的腦內是最好不過的方法。

順帶一提，**使用紙本書或辭典學習的話，記憶黏著度會比較高**。想要深入學習的話不妨使用紙本書吧。

參考文獻

Guangheng Dong and Marc Potenza, "Behavioural and Brain Responses Related to Internet Search and Memory", European Journal of Neuroscience: 42, 2546-2554, 2015.

Betsy Sparrow et al., "Google Effects on Memory: Cognitive Consequences of Having Information at Our Fingertips", Science: 333, 776-778, 2011.

Anders Hansen, "Skärmhjärnan",Bonnier Fakta, 2020.〔繁體中文版：安德斯・韓森（葉小燕譯）《拯救手機腦：每天5分鐘，終結數位焦慮，找回快樂與專注力》究竟。〕

每個人都覺得：「我跟大家不一樣，不
會被媒體操控！」

第三人效應
Third-Person Effect

意 思	覺得他人比自己更容易受到大眾媒體的影響。
關 聯	敵意媒體效應（→第202頁）

動畫的管制

　　漫畫《航海王（ONE PIECE）》中有個角色叫做香吉士。漫畫版本與日本版動畫裡頭的香吉士總是叼著香菸，但國外版動畫的香吉士卻是叼著棒棒糖。動畫《蠟筆小新》中被認為會教壞小孩的「低俗」場景，後來也都遭到刪除。

　　除此之外也有許多人呼籲，要管制殺人犯或性犯罪者喜歡的動畫或遊戲。

　　雖然這些做法都是為了防止孩子受到不良影響，但要打造健全的社會真的需要這種管制嗎？

　　著眼於這個現象的其中一項理論稱為**第三人效應**。

　　第三人效應是指，**認為自己在媒體或網路上接收到宣傳（propaganda，企圖導向特定的思想、輿論、態度、行動的行為）或有害資訊時不太會受到影響，但其他人容易受到很大的影響**。因此，我們有可能認為除了自己以外的

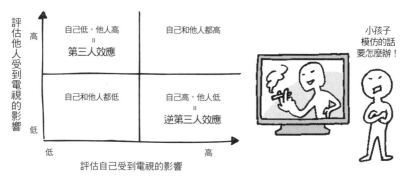

評估媒體影響的模式與第三人效應

評估他人受到電視的影響

高

| 自己低，他人高
＝
第三人效應 | 自己和他人都高 |
| 自己和他人都低 | 自己高，他人低
＝
逆第三人效應 |

低

低　　　　　評估自己受到電視的影響　　　　　高

小孩子
模仿的話
要怎麼辦！

參考：正木誠子〈關於第三人效應與媒體影響之評估對民眾看待媒體的態度或行動造成的影響之考察—聚焦於對電視節目的批判—〉慶應義塾大學媒體傳播研究所，2020年。

第三人容易受到媒體的不良影響，而對大眾媒體及其他媒體進行非必要的過度管制。

戰爭期間的第三人效應運用案例

最早提出第三人效應的社會學家，其靈感來自於第二次世界大戰期間日軍的軍事策略。硫磺島戰役當時，日軍曾對美軍當中由非裔人士所組成的部隊進行宣傳戰。

日軍採用的方法就是散發傳單，內容寫著「沒必要為白人犧牲生命，日本人不跟有色人種戰鬥，快點投降吧」。

我們並不清楚這種傳單對於非裔士兵有多少影響，甚至還有一說認為幾乎沒有說服效果。

但是，率領這支部隊的白人司令官卻命令部隊撤退了。原因可能是司令官擔心由於傳單使得黑人士兵的士氣低落。發送給非裔士兵的訊息，最後卻影響了非原本目標的司令官（第三人）採取的行動。這種第三人效應從以前開始就被當作一種宣傳戰略來運用，故有人說日軍也有可能是故意利用這種效應。

此外，也有人指出第三人效應是導致政治壓迫的因素之一。

例如某個獨裁國家會進行言論管制，發布反政府資訊的人會被關進集中營接受拷問或殺害。

反觀民主國家，批評政治家或政黨可謂家常便飯，但是政權卻沒那麼容易動搖。由此可見，獨裁政權因第三人效應而高估了人民發表言論的影響，獨裁者害怕那些言論會改變社會大眾的想法。

哪種人容易受到第三人效應的影響？

據說在納粹黨崛起的時代，德國民眾就是用剛開始普及的收音機收聽廣播才會對希特勒產生狂熱的崇拜，這件事常被拿來證明大眾媒體登場後帶來的影響有多大。

但是也有一說認為，納粹黨其實是在取得政權後才大肆進行宣傳活動。對當時的納粹黨而言，「國民熱愛有領袖魅力的希特勒」這樣的故事是有利於他們的；**對失算的政治家們與投票給納粹黨的國民而言，當作自己被宣傳所騙是一個比較好的藉口**。此外，在第三人效應下，宣傳的影響力被高估了，也許宣傳的媒體傳播效果並沒有我們所想像的那麼大（稻增，2022）。

這種暗示大眾媒體的影響力有限的理論，稱為**「有限效果論（limited effects theory）」**。有限效果論認為，選舉時選民要投票給誰可用社會屬性來預測，大眾媒體的影響其實相當有限。

有人針對某個宣傳進行問卷調查，請受測者評估自己受到的影響並預測他人受到的影響，結果**幾乎所有人都回答他人比自己更容易受到宣傳的影響**（Davison, 1983）。

但事實上，不可能每個人都比別人更難受到影響，因此這就會造成集體的**「錯誤認知」**。認為他人比自己更容易受到媒體影響，等於認為他人是比自己更沒判斷力的弱者。

有研究指出，對於色情作品之類的性描寫，女性比較容易產生錯誤認知的傾向；此外年紀愈大以及自認教育程度很高的人，愈容易發生錯誤認知。換言之，**愈是對他人具有優越感，愈容易受到第三人效應的影響**（正木，2020）。

納粹崛起　　　　　　　　　　**戰後**

我被媒體騙了

我也是受害者

我也是

據說大眾媒體對納粹黨崛起的影響有限。

　　獨裁國家的領導者，不就是很好的例子嗎？另外，**愈博學的專家愈容易受到第三人效應的影響**。愈是站在這種立場的人，愈需要注意自己是否成了過度管制的幫凶。

　　或許有人會覺得，自己無緣站在施行管制的立場，認為這種事跟自己無關，不過在職場、學校或家庭裡要制定規則時，這點應該還是可以作為參考。

參考文獻

Walter Davison, "The Third-person Effect in Communication", The Public Opinion Quarterly: 47, 1 15, 1983.

安野智子〈メディアの影響力の認知は世論形成を媒介するか〉選挙研究：11, 46-60, 1996年。

稲増一憲《マスメディアとは何か：「影響力」の正体》中央公論新社（中公新書），2022年。

津田正太郎《ナショナリズムとマスメディア》勁草書房，2016年。

正木誠子〈第三者効果とメディア影響の推定がメディアに対する態度や行動に与える影響に関する考察〉慶応義塾大学メディア・コミュニケーション研究所紀要：70, 57-70, 2020年。

「垃圾媒體藉由帶風向來圖利自己！」
這樣的意見是事實嗎？

敵意媒體效應
Hostile Media Effect

意　思	認為媒體的報導對自己厭惡的陣營有利。

關　聯	第三人效應（→第198頁）

從薩布拉－夏蒂拉大屠殺看媒體批判

　　1982 年，黎巴嫩薩布拉（Sabra）與夏蒂拉（Shatila）兩地的巴勒斯坦難民營發生大規模屠殺事件，震驚全世界（薩布拉－夏蒂拉大屠殺）。據說犧牲者超過 3000 人，主要都是巴勒斯坦人。

　　這起事件的背景在於黎巴嫩內戰。當時為了逼迫位在黎巴嫩的巴勒斯坦解放組織撤退，鄰國以色列進攻黎巴嫩，成功讓親以色列的人物當選為黎巴嫩總統。但是，這位總統後來遭到暗殺。支持以色列的黎巴嫩民兵組織認為凶手是巴勒斯坦解放組織，於是為了報復而屠殺巴勒斯坦人。有人以關於這起事件的「較為中立的」報導為題材，進行以下的實驗（Vallone et al., 1985）。

　　這項實驗是給親以色列的人與親阿拉伯的人觀看同一篇報導，驗證他們會有什麼樣的印象。

　　結果，親以色列的人認為報導是在批評以色列，親阿拉伯的人則認為是

敵意媒體效應的概念圖

被阿拉伯人操作！

是猶太人的陰謀！

NEWS

親以色列

親阿拉伯

在批評巴勒斯坦。像這種**覺得實際上相對中立的報導很偏頗的認知偏誤**，稱為**敵意媒體效應**。

　　敵意媒體效應助長了民眾對媒體的不信任，因而被視為近年來的大問題。尤其網路上經常可以見到「千萬別不假思索地相信大眾媒體說的話！」這種憂心的呼籲，或是蔑稱媒體為「霉體」的言論。

　　不過，建議大家還是要相信，現在的媒體比人們所想的還要中立。像日本的傳播媒體就受到傳播法的規範，無論廣播或電視事業者都有義務公正客觀地報導，否則會面臨撤照處分。事實上，朝日電視台就曾在 1993 年因報導有偏頗之嫌，以致相關人士被要求到國會說明，電視台也差點面臨關台的命運（椿事件）。

　　雖然大家都明白要獲得許多閱聽人的支持，就必須避免過於偏頗的不公正報導，但畢竟是由人來進行資訊的編輯，在這個基礎上要完全沒有偏誤是很困難的。重要的是我們必須知道，即便是盡可能保持中立的報導，閱聽人仍有可能覺得報導不公正。

敵意媒體效應的特徵與媒體的影響力

　　以下簡單整理了敵意媒體效應的特徵與大眾媒體的影響力。

- 有認為支持自身立場的資訊是好資訊、支持對立陣營的資訊則是壞資訊的傾向。
- 凡是不接近自身意見的資訊都認為不中立，但有利於自身黨派性或信條的「偏頗」反而覺得是中立的。
- 與對立結構的關聯度愈高的人，受到的影響愈強。
- 對自己而言愈負面的資訊愈容易記得，這也是受到敵意媒體效應的影響。

- 選舉的投票對象容易受到周遭人的價值觀左右，就算大眾媒體報導偏頗也不容易改變（有限效果論）。
- 之前沒討論過的新議題突然出現時，大眾媒體容易發揮巨大的影響力。也就是說，談論舊議題時媒體的影響力小，談論新議題時媒體的影響力大。

　　人總是會用某個框架去了解事物。即便傳達的是同一個事實，閱聽人的意見或態度也會因為媒體使用何種框架來報導而受到影響。這種現象就是框架效應（→第54頁）。

敵意媒體效應對社會的負面影響

　　不光是中東問題，各種具有對立結構的報導都看得到敵意媒體效應。這種效應通常會跟第三人效應（→第198頁）一起發生，這時人會覺得敵對的媒體具有優勢，而且對輿論有巨大影響力。

　　如果你認為多數媒體都不公正，總是發布有利於敵對陣營的報導，那麼你就太高估媒體的影響力了。這種想法根源於第三人效應，也就是認為比自己差勁的社會大眾一定會受到媒體的影響。其實，周遭人的媒體識讀能力沒有自己所想的差。因此，會被媒體的偏頗報導影響自身判斷的人可以說很有限。

但是，**敵意媒體效應與第三人效應這 2 種偏誤同時發生，導致人們對大眾媒體的輕視或敵視持續增強**。

這種對大眾媒體的批判，以及有可能伴隨而來的管制，對社會有什麼樣的影響呢？第 1 個影響是助長社會分裂，第 2 個影響是媒體會被如納粹那樣的獨裁政權掌控。對於想行使權力，不讓媒體報導自家政黨危險性的政治家而言，管制媒體是有利的做法（稻增，2022）。

綜合上述可知，**觀點具有黨派性、聚焦於少數群體或弱勢的聲音、密切關注歧視與不公……等等，這類具有一定意識形態的報導還是有存在的必要**。

無論是高估或低估媒體的影響都相當危險，希望各位在觀看新聞時要留意這點。

參考文獻

Robert Vallone et al., "The Hostile Media Phenomenon: Biased Perception and Perceptions of Media bias in Coverage of the Beirut Massacre", Journal of Personality and Social Psychology: 49, 577-585, 1985.
稲増一憲《マスメディアとは何か：「影響力」の正体》中央公論新社（中公新書），2022年。
李光鎬〈敵対的メディア認知とメディアシニシズム〉慶応義塾大学メディア・コミュニケーション研究所紀要：69, 85-95, 2019年。

殺戮、強迫勞動、拷問、歧視、飢餓
⋯⋯這真的是人類所生活的世界嗎？

險惡世界症候群
Mean World Syndrome

意　思	看了媒體發布的暴力資訊後，深信社會比實際情形還要危險與殘酷。

關　聯	可得性捷思法（→第178頁）、敵意媒體效應（→第202頁）

┃媒體的影響力與險惡世界症候群

　　前面提到第三人效應與敵意媒體效應，是過度高估及批判媒體報導的偏頗性與危險性的 2 種傾向。但要特別留意的是，這並不是說媒體對於我們完全不會產生任何影響。

　　像病毒的流行、重大災害、世界各地發生的各種事件，我們幾乎都是透過媒體間接體驗。也就是說，我們對世界的認識，大部分是建構在透過媒體傳達的資訊間接體驗到的事物上。

　　但是，世界各地發生的事，沒辦法完全透過有限的媒體報導傳達，因此這時媒體就需要挑選資訊。也就是說，透過媒體看到的世界，不能算是真實的世界。我們對世界的認識，也幾乎不可能跟真實的世界完全一致。

　　有項研究分析了 1967～1975 年美國的電視劇場景，結果大約 8 成的節目都含有暴力場景。而且，每個節目平均會出現 5 次暴力場景。當然，在一般的生活當中捲入暴力事件的機率沒那麼高（就算在美國也一樣）。製作者為

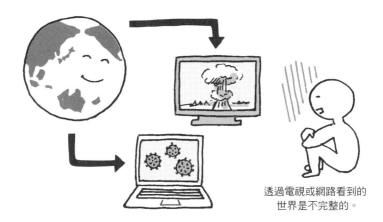

我們很難看到完整、真實的世界

透過電視或網路看到的
世界是不完整的。

了讓電視劇看起來有趣，才會想多加入一些戲劇性的場景。

有位研究者調查了受測者觀看電視的時間長度，以及受測者認為在平常的生活當中捲入暴力的機率之間的關係。結果發現，看電視的時間較長的人，有高估捲入暴力之機率的傾向。此外，這樣的人往往也認為社會很冷漠、壞人很多，覺得自己有被利用的危險性（Garbner & Gross, 1976）。

對於這個結果，研究者表示**接觸具有暴力世界觀的電視節目，會讓人覺得社會很冷漠**。這種現象稱為**險惡世界症候群**。

▍網 路 社 會 的 險 惡 世 界 症 候 群

觀察社群網站或網路新聞的點閱排行，經常被人分享轉發的同樣是悲慘的新聞。地震災情、傳染病的流行、戰爭、貪汙、色狼冤案、虐待幼兒、凶殘犯罪、婚外情、騷擾、親戚間的交際或在街頭發生的不愉快事件等……你是否曾經有過在網路上瀏覽這類新聞看到欲罷不能的經驗呢？

像這種在情緒低落時會一直觀看負面新聞的行為，稱為**末日狂滑**（doomscrolling）。這個名詞因 2020 年新型冠狀病毒的流行，以及 2022 年爆發的烏俄戰爭而受到關注，經常被拿來跟險惡世界症候群做比較。

例如有報告指出，觀看電視的時間愈長者，愈容易陷入險惡世界症候

群，覺得社會很冷漠，因此這樣的人往往認為警察或法律等應該要更加保護弱者。

至於**末日狂滑則被指出，現在有許多報導以偏頗的觀點批評特定的事件、組織、人種或是抱持某種原則的人，因此有大幅助長歧視意識的危險性**。此外還有報告指出，末日狂滑會使不安或憂鬱症狀惡化、打亂睡眠規律、降低注意力、暴飲暴食等等。另外也發現，人的心理創傷處理能力也會變弱（Blades, 2021）。

有別於重視相對事實與人權、單向性強的大眾媒體所發布的資訊，網路上的資訊是由個人自行選擇觀看，故容易被意見及感受性與自己相符的小眾資訊包圍。所以我們可以認為，**因為末日狂滑引發的險惡世界症候群，其產生的影響力比觀看電視的效果還強烈**。

人類基本上是以生存為最優先，並且會防備威脅，因此才會**有注意負面資訊的傾向**。這種性質稱為**負面偏誤**（negativity bias），而末日狂滑或許可以算是一種本能行為。

不知是不是從經驗中學到了這個道理，網路上的報導往往偏愛使用聳動的標題來賺取點閱數。

末日狂滑助長了險惡世界症候群

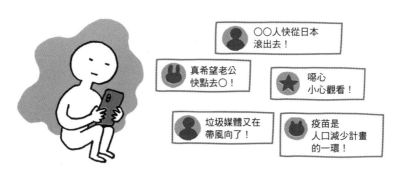

○○人快從日本滾出去！

真希望老公快點去○！

噁心 小心觀看！

垃圾媒體又在帶風向了！

疫苗是人口減少計畫的一環！

人由於有負面偏誤，容易被負面資訊吸引，
因而容易陷入末日狂滑。
最後就會形成扭曲的世界觀（險惡世界症候群）。

▌療癒的動物新聞有必要播報嗎？

你是否曾經有過觀看電視新聞時，忍不住覺得「這件事有報導的價值嗎」這種經驗呢？例如名人結婚、外遇或離婚的消息，或是貓熊相親、可愛的動物等等……看了之後是不是會覺得：應該還有更重要、更值得報導的問題吧？當中也會有人產生「是不是要掩蓋對國內外或政權而言不利的新聞」的質疑。

筆者不敢保證完全沒有這種情況。但是，如果只報導重要且悲慘的戰爭或社會問題，容易讓人覺得社會是更加險惡的地方。媒體的責任是傳達世界的真相。**從各種面向介紹世界或人類，亦可視為一種減輕險惡世界症候群的體貼之舉。**

▌參考文獻

Robin Blades, "Protecting the Brain against Bad News", Canadian Medical Association Journal: 193, E428-E429, 2021.

George Gerbner and Larry Gross, "Living with Television: The Violence Profile", Journal of Communication: 26, 172-199, 1976.

稲増一憲《マスメディアとは何か：「影響力」の正体》中央公論新社（中公新書），2022年。

從行為經濟學

從統計學

從資訊科學

30人的班級裡有2人同一天生日，這是
「奇蹟」或「命運」嗎？

別處效應
Look-Elsewhere Effect

意　思	偶然出現乍看具有統計意義的觀測結果。

關　聯	集群錯覺（→第214頁）

同一天生日的人同班的機率

　　你認為湊巧待在同個地方的 2 個人，他們剛好也是同一天生日的機率是多少呢？

　　舉例來說，2 人都是 12 月 25 日聖誕節那天出生的話，機率是 $\frac{1}{365}$ × $\frac{1}{365}$，也就是 100 萬分之 1 左右。不過，如果不限定聖誕節這一天就有 365 種生日，故機率會增加至 1000 分之 1 左右。如果湊巧待在同個地方的不是 2 個人，而是 30 個人的話，得出的機率會更高。**30 人的班級裡有 2 人同一天生日的機率超過 50%**。同一天生日的人湊巧就讀同一班的機率比想像的高。

　　只要知道機率，就算湊巧同一天生日，應該也不會覺得對方或生日有什麼特殊意義吧。

　　不過，這種機率絕對不低，但看起來卻像是奇蹟似地一致的現象，在物理實驗等場合也會發生。例如反覆尋找有意義之訊號的實驗，有時會跟這個

機制一樣，**發生特定條件的資料出現頻率偶然變高的情況**。這種現象稱為**別處效應**。

這種時候，即便是偶然發生的事情，也有可能被人誤以為是在物理學上有意義的資料。

希格斯玻色子的發現

這裡就以**希格斯玻色子**（Higgs boson）的發現為例，向大家說明別處效應吧。

2012 年，物理學家從 CERN（歐洲核子研究組織）的大型加速器實驗資料中，確認了希格斯玻色子的存在，而且隨即在 2013 年獲得諾貝爾物理學獎。希格斯玻色子是什麼呢？

構成物質的要素有分子與原子，比原子更小的要素則有電子、質子、中子，這些稱為基本粒子。此外，基本粒子似乎本來是沒有質量的。可是，由基本粒子構成的這個世界的物質全都有質量，於是這時就會產生一個疑問：為什麼物質有質量呢？

順帶一提，沒有質量的基本粒子都是以光速移動，沒辦法停下來。堪稱基本粒子集合體的我們能夠靜靜地躺在床上，或是與朋友一起坐在椅子上交談，全要歸功於質量。

關於這個疑問或矛盾，可提供部分答案的就是希格斯玻色子。

一般認為宇宙剛誕生時是沒有質量的，直到大霹靂的 100 億分之 1 秒後才出現質量。原因則推測是基本粒子與希格斯玻色子，在宇宙誕生瞬間的高能狀態下猛烈對撞才產生質量。

用來重現初期宇宙產生質量之狀況的實驗裝置就是粒子加速器。粒子加速器是讓基本粒子以光速移動，跟別的基本粒子對撞的儀器。由於希格斯玻色子無法直接觀測，故研究者是觀察希格斯玻色子衰變後產生的基本粒子。簡單來說，就是觀察哪種粒子花了多少能量飛往哪個方向，從基本粒子的反應找出希格斯玻色子的足跡。

這時會使用愛因斯坦從**狹義相對論**導出的著名方程式 $E = mc^2$。E 是能

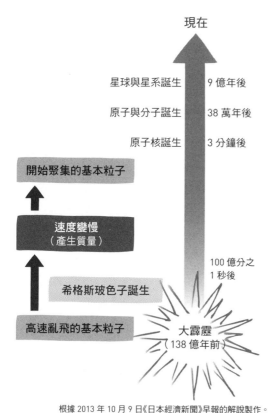

現在

星球與星系誕生　　9 億年後

原子與分子誕生　　38 萬年後

原子核誕生　　3 分鐘後

開始聚集的基本粒子

速度變慢
（產生質量）

100 億分之
1 秒後

希格斯玻色子誕生

高速亂飛的基本粒子

大霹靂
（138 億年前）

根據 2013 年 10 月 9 日《日本經濟新聞》早報的解說製作。

事件數

2,000

1,600

1,000

800

400

0

希格斯玻色子若不存在
就不會出現峰

120　　　　140

質量（GeV：10 億電子伏特）

量，m 是質量，c 是光速。愛因斯坦用這個方程式來說明質能等價。只要使用這個方程式，就可以從希格斯玻色子衰變成的基本粒子動量，反過來推算希格斯玻色子的質量。

左下圖是實驗取得的資料。希格斯玻色子的質量為 125GeV，圖中那個位置出現一個小峰，那即是希格斯玻色子的訊號。

但是，這有可能是別處效應導致的錯誤訊號。因為希格斯玻色子的衰變十分罕見，實在沒辦法探測到很大的訊號。後來物理學家做了非常多次的實驗，一直做到真的有把握說「希格斯玻色子確實存在」為止。**希格斯玻色子便是動用了人類積累下來的智慧，以及來自世界各地的人員與各國提供的經費，才終於得以證明真的存在。**

希格斯玻色子的存在固然是世紀大發現，但這並不代表宇宙的祕密已經解開。目前在物理學上，能夠說明或觀測的物質據說只有 5% 左

右，這個世界還充滿了 95％無法說明的物質，這些物質統稱為**暗物質（dark matter）**。

宇宙無限的神祕之謎，仍等著人類在今後一一解開。

你是不是常把「巧合」當成「奇蹟」或「命運」？

之前，你是否曾在這樣的狀況下感覺到命運或奇蹟呢？例如，「在旅行地點遇到認識的人」、「國中時期喜歡的同學在同個職場工作」等等。日常生活中發生的事情非常多，而這種驚人的巧合也是別處效應的產物。

看似有意義的巧合又稱為「共時性（synchronicity）」，從前則是用「奇蹟」、「命運」或「吸引力」這類詞彙來稱呼，放大這種巧合的神祕性。當然，這樣的奇蹟也有著令人怦然心動，或是發現人生希望而積極向前這些好的一面吧。但是，把單純的巧合當成奇蹟，也有可能使你在人生中做出錯誤的重大決定，希望各位都能明白這一點。

參考文獻

Geoff Brumfiel〈ヒッグス粒子の発見と今後〉Natureダイジェスト：9, 2021年。
東京大学、高エネルギー加速器研究機構、ATLAS日本グループ「LHC実験の最新成果」記者会見資料，2011年。
竹内薫《ヒッグス粒子と宇宙創成》日本経済新聞出版（日経Premiere系列），2012年。

從行為經濟學

從統計學

從資訊科學

意　思	明明是隨機現象，卻試圖從中找出規則性。

關　聯	別處效應（→第210頁）

隨機現象看起來意外地不像隨機

有種彩券是選幾個喜歡的數字，再以這個組合來看是否中獎。令人意外的是，觀察中獎號碼會發現，當中經常出現連續的數字或首位數字相同的號碼。

另外，猜拳或擲硬幣一直贏的話，應該會覺得很幸運吧。心想說不定是好運來了、或許是神明給自己機會……但這時又會覺得，自己應該差不多要輸了吧、下一次應該會擲出反面吧。這是因為我們覺得，如果事物是隨機發生，照理說不會發生這種不平衡的情況。

然而，這種感覺並不正確。因為**人類以為的隨機，與大自然發生的隨機是不同的樣子**。

右頁那張用相機拍攝的照片，是發光的小粒子分散在水中的畫面。粒子完全隨機分散在水中。

各位應該看得出來，有些地方粒子很稀疏，有些地方粒子很密集吧。自

然界發生的隨機模式就像這樣，是有疏密（稀疏與密集的部分混在一起）的狀態。

擲 20 次硬幣時，某一面連續出現 4 次的機率是 50％。但是，**發現群或塊、條紋或線時，我們不會認為這是隨機現象，反而覺得當中有某種意義**。這種現象稱為**集群錯覺**。

散布在水中的粒子螢光影像

各種集群錯覺

以下就來介紹各種集群錯覺的例子。

某個研究發現，第二次世界大戰 V-1 飛彈落下的地點呈集群狀。於是，研究者便針對攻擊規則性進行各種考察。不過，後來證實那些攻擊都是隨機的。

關於股市的預測，雖然有許多人嘗試找出模式，但基本上只要沒發生什麼大事，股市行情的變動都是隨機的。

另外，調查成功企業的條件，有時會意外發現共通的特徵，於是便會以為自己得知了企業的成功祕訣（這也有受到倖存者偏誤的影響）。但是，以集群錯覺的觀點來看，那也有可能是隨機發生的巧合。

手感正熱？

以上這些都可說是典型的集群錯覺例子。不過，似乎也有一些現象無法斷言是單純的集群錯覺。

在籃球之類的比賽中，選手連續進球的狀態稱為**熱手**（hot hand），這種狀態被視為好運來了。過去學者們就曾爭論，真的有熱手現象嗎？或者那是出於集群錯覺的誤會？起初普遍認為那是在隨機現象中偶然發生的狀況，並將這種現象稱為**熱手謬誤**。

不過，近年的研究則認為，**由於進球成功會對選手的精神層面帶來影響，故熱手現象並非完全是隨機現象，有些時候真的是選手手感正熱**（Gilovich et al., 1985）。

▍德 州 神 槍 手 謬 誤

這裡介紹一個美國的笑話。

有位德州人對著牆壁開了許多槍，然後在彈孔密集的地方畫一個圈，假裝自己是命中率很高的神槍手。像這樣**刻意找出其實不存在的模式**，就稱為**德州神槍手謬誤**，經常與集群錯覺一起被提起。

這類謬誤造成的認知偏誤，也會發生在政治與科學領域上。

舉例來說，某種疾病雖然是隨機發生，但以集群錯覺的觀點來看卻會覺得發生的模式是有疏密的。有時研究者會從中挑選出看起來包含很多患病者的族群，並調查那些病患的環境與生活習慣，試圖找出導致疾病的原因，只不過這麼做毫無意義就是了。

某位美國科學家甚至表示，**在眾多關於癌症患者族群的研究當中，沒有一項研究具統計說服力，能夠明確地指出癌症的環境因素**。畢竟，要從擁有複雜要素的人類身上，確定致癌物質的影響並不容易（Gawande, 1999）。

反過來說，當我們覺得核子事故的放射性物質或接種疫苗等事物，對自己產生不良影響時，若要向第三者證明兩者之間有因果關係，就必須要有具統計說服力的案例，否則很難讓社會大眾理解。

德州神槍手謬誤

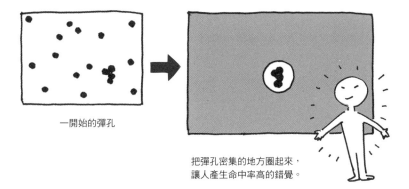

一開始的彈孔

把彈孔密集的地方圈起來，
讓人產生命中率高的錯覺。

參考文獻

Atul Gawande, "The Cancer-Cluster Myth", The New Yorker, 34-37, 8th Feb. 1999.

Thomas Gilovich et al., "The Hot Hand in Basketball: On the Misperception of Random Sequences", Cognitive Psychology, 17, 295-314, 1985.

Daniel Kahneman and Amos Tversky, "Subjective Probability: A Judgment of Representativeness", Cognitive Psychology: 3, 430-454, 1972.

中野信子《脳はどこまでコントロールできるか?》Bestsellers（BEST新書），2014年。

類別大小偏誤
Category Size Bias

意 思	即使發生某件事的機率都一樣，仍舊認為數量較多的團體會更常發生。
關 聯	比率偏誤（→第226頁）

▋機率判斷會受到類別的影響

　　1920 年波蘇戰爭結束後，有些原本屬於蘇俄領土的農場就變成波蘭的領土了。據說當時農夫之間流傳著這樣一個笑話：「以後這裡就不是蘇俄，我們再也不用忍受寒冷的冬天了。」其實改變的只有國家邊界，農場仍位在同一個地方，但光是隸屬的國家不同，就能減輕農夫對這個地方的寒冷印象。

　　就像這個例子一樣，很多時候本質分明是一樣的，但所屬的類別改變後，本質看起來好像也跟著改變了。

　　請問各位是否有過這樣的經驗：回答是非題時，如果自己屬於人數更多的那一邊就會感到安心。可是，正確答案並非取決於人數的多寡。

　　買股票時，會覺得當紅類股或在東證一部等上市的企業才值得投資。

　　假設某個國家給人「犯罪者很多」的這種刻板印象，則擁有該國國籍的人遭到逮捕時，被判有罪的機率感覺會更高。

像上述這種**受到所屬類別的屬性影響，判斷特定事件可能會更容易發生的偏誤**，稱為**類別大小偏誤**。

經過實驗證明的類別大小偏誤

就算機率相同，仍舊會發生類別大小偏誤。

有項研究請 223 位受測者參加以下的簡單摸彩（Isaac & Brough, 2014）。

現場準備了 A 和 B 這 2 個摸彩箱，各放入 15 顆球。A 摸彩箱放入 5 顆紅球、5 顆綠球、5 顆白球。B 摸彩箱則放入 2 顆紅球、11 顆綠球、2 顆白球。

2 個摸彩箱的中獎球數量都一樣（無關顏色）。當抽到綠球時，哪個摸彩箱的中獎機率更高？

**抽到綠球時，A 摸彩箱與 B 摸彩箱
哪個中獎的可能性高？**

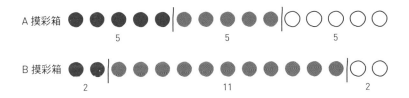

這樣看來，通常會覺得 B 摸彩箱特定號碼的綠球中獎機率，比 A 摸彩箱綠球的中獎機率高。

B 摸彩箱若不分是否中獎，抽到綠色的機率確實很高，因為 B 摸彩箱的綠球占比很高。但是，如果著眼於某一顆球，被選到的機率其實全都一樣，儘管如此依然會讓人產生「B 摸彩箱的綠球很多，因此每顆球被選到的機率也會提升」的錯覺。

這種心理也可在投資上見到。

某一檔個股若屬於企業數最多的類股，人就容易有「股價會上漲得比其他類股的股票多」這種錯覺。

類別大小偏誤的利用

據說當人要完成某件工作或義務時，**執行率容易因待辦事項的多寡而改變**。

我們就來看看，以下這項調查個人對電腦病毒或駭客等威脅採取了多少對策的實驗。

首先，實驗者給受測者一份有「使用彈出式廣告封鎖器」、「經常變更密碼」等 9 件待辦事項的清單。接著，請受測者依照目的將這 9 件待辦事項分成 7 件與 2 件共 2 個類別（例如分成「工作效率化」與「防備非法存取的威脅」之類的類別）。然後，請受測者在 3 個月內實踐各個待辦事項。

結果發現，受測者傾向於執行有 7 件待辦事項的類別，而不是有 2 件待辦事項的類別。

為什麼會採取這種行動呢？這是因為跟待辦事項少的類別相比，件數多的類別感覺更容易應付病毒之類的威脅。也就是說，**只要建立類別，並改變各類別待辦事項的數量，就有可能控制長期的行動**。

學歷情結根深蒂固的原因

從前面摸彩箱的例子也能看出，我們會覺得從大的群組做選擇，比從小的群組做選擇更有心理安全感。但是，以機率的觀點來說這完全是錯誤的想法。

選擇要修的科目或出路時，通常也會選擇熱門的主修科目或領域吧？因為我們覺得這樣比較安全。但要注意的是，就算做了這樣的選擇，也不代表個人在社會上的成功機率會隨之提高。

可是，為什麼無論考試還是求職，大家仍舊想進入頂尖大學或有名的企業呢？關於這個疑問，其中一個答案就在這裡。

日常生活中，我們鮮少公開談論學歷社會或權威社會，也不太會因此而遇到明顯的歧視或優待，但學歷情結確實一直悄悄地存在著。這可說是因為，**在類別大小偏誤的影響下，人類出於本能產生學歷情結，且牢牢地根植**

於內心。畢竟若是成為「理想」團體的一員，就可以讓他人覺得自己具備最好的資質。

有專家指出，寂寂無名的中小企業若形成聯盟，即可大幅提升品牌印象。

類別大小偏誤雖然可作為讓自己處世更加輕鬆的策略，但希望大家不要滿足於類別的有利屬性，應該要充分了解到個人的實力與特性未必反映在該類別上，努力提高各方面的實力。

參考文獻

Mathew Isaac and Aaron Brough, "Judging a Part by the Size of Its Whole: The Category Size Bias in Probability Judgments", Journal of Consumer Research: 41, 310-325, 2014.

Hannah Perfecto et al., "The Category Size Bias: A Mere Misunderstanding", Judgment and Decision Making: 13, 170-184, 2018.

影響做決策或下意識行為的「段落」力
量。

單位偏誤
Unit Bias

意　思	容易以為集合成一個單位的東西是最適當的分量。
關　聯	

單位對我們行為的影響

「萬步計上顯示已經走了 9534 步。那就繼續走到 1 萬步為止吧。」

「差不多該睡了，但這本書的第 2 章還剩幾十頁，不如看完這個段落再
睡吧……」

有過這類經驗的人應該不少。**人在執行工作時往往會注意單位，以此決
定是要一直做到結束為止，還是中途告一段落**。這種現象稱為**單位偏誤**。

在單位偏誤的影響下，我們會繼續做本來可以停下來的事，或是停止做
本來可以繼續做下去的事。

瘦身與單位偏誤

要瘦身成功就必須控制食欲，但有許多研究指出，飽足的感覺未必跟進
食量有關，以下就來介紹相關的實驗吧。

有個實驗請受測者吃椒鹽蝴蝶餅。將受測者分成 2 組，第 1 組提供一個

完整的椒鹽蝴蝶餅，第2組則
提供半個椒鹽蝴蝶餅。實驗者
要他們盡量吃，然後觀察他們
吃了多少。

結果發現，受測者大多只
吃實驗者提供的一盤椒鹽蝴蝶
餅。也就是說，如果是半個椒
鹽胡椒餅的那一組，總進食量
就是完整椒鹽蝴蝶餅那組的一
半左右（Geier, 2006）。

可見人是用個數來衡量食
物，而不是看分量或卡路里，
而且通常會以個數為單位來進
食。

另一個實驗，則是給每位
受測者罐裝洋芋片。第1組
是整罐普通洋芋片，第2組則
是每7片就放入1片紅色洋
芋片，實驗者同樣請他們盡量
吃。

椒鹽蝴蝶餅的實驗

就算分量只有一半，
吃完一盤仍會產生滿足感。

洋芋片的實驗

每7片就放入
1片紅色洋芋片。

有放入紅色洋芋片時，
吃的量比較少。

結果，有放入紅色洋芋片
那組的受測者吃的量比較少。推測是因為，紅色洋芋片讓受測者注意到單
位，才會更加留意吃下去的量（Geier, 2012）。

無底碗告訴我們進食量與飽足感的關係

獲得搞笑諾貝爾獎的著名「無底碗實驗」，讓人們更加清楚單位與滿足
度的關係（Geier et al., 2006）。

在這項實驗中，受測者按照BMI（肥胖度）分成2組，其中一組用普通

的碗喝湯，另一組的碗底接著管子，因此不管喝了多少的量都會一直加湯。等受測者喝完後，再請他們回答飽足度。

結果，用無底碗喝湯的受測者，比用普通碗喝湯的受測者多喝了 73％ 的湯。但是，他們的飽足度卻跟使用普通碗的受測者沒有多大的差別（Wansink, 2006）。

這個結果顯示，只要碗盤裡有食物，人就會吃下去。換句話說，**進食量並非取決於胃容量，而是受到視覺資訊與大腦認知的影響**。這個現象也可以說與單位偏誤有關。假如我們想喝一碗湯，並且認為自己真的喝了一碗，那麼飽足感也會跟喝下一碗湯差不多。

話說回來，想要瘦身的話，碗盤裡的食物裝少一點，或是切成小塊再吃都可說是有效的方法。

從無底碗實驗看飽足感的機制

普通碗　　　　無底碗

·使用無底碗喝湯，喝的量是普通碗的1.5倍以上
·兩者的飽足感差不多

飽足感不是取決於進食量，而是受到外觀的單位影響？

虛擬貨幣與單位偏誤

2021 年，虛擬貨幣「柴犬幣」因價格暴漲到上市價格的 50 萬倍而受到矚目。柴犬幣是柴犬愛好者推出的迷因幣，具有強烈的幽默元素。有專家指出，柴犬幣價格高漲也是受到單位偏誤不小的影響。

舉例來說，2022 年 9 月當時，1 枚比特幣的價格為 283 萬日圓，1 枚柴

犬幣則是 0.00169 日圓。換言之，如果有足以購買 1 枚比特幣的錢，就能夠買 16 億枚柴犬幣。覺得划算的心理（即單位偏誤）被認為是讓柴犬幣價格暴漲的因素之一。

不過，發行柴犬幣的公司市值很低，因此價格暴漲後，投資者認為不會再繼續上漲而紛紛脫手，才會導致價格暴跌。

投資時，絕對不能只注意價格。大量購買價格便宜的虛擬貨幣，也許能得到表面上的滿足感，或是意外獲得驚人的利益。不過，這個價格極有可能只是泡沫。分析發行這個貨幣的公司資產、試算發行股數等價值是投資前不可缺少的準備。

參 考 文 獻

Andrew Geier et al., "Unit Bias: A New Heuristic That Helps Explain the Effect of Portion Size on Food Intake", Psychological Science: 17, 521-525, 2006.

Andrew Geier et al., "Red Potato Chips: Segmentation Cues Can Substantially Decrease Food Intake", Health Psychology: 31, 398-401, 2012.

Brian Wansink, "Mindless Eating: Why We Eat More Than We Think", Bantam, 2006.〔繁體中文版：布萊恩‧汪辛克（謝伯讓、高薏涵譯）《瞎吃：最好的節食就是你根本不知道自己在節食》木馬文化。〕

林昭志〈アメリカの著名な食行動心理学研究者の論文撤回事件および辞職事件と研究倫理〉上田女子短期大学紀要：44, 7-19, 2021年。

如果想讓彩券看起來吸引人，應該告知
中獎機率還是中獎數？

比率偏誤
Ratio Bias

意 思	即便機率一樣，仍覺得100/1000比1/10的可能性還高。

關 聯	類別大小偏誤（→第218頁）、組間比較謬誤（→第136頁）

▌哪 一 種 比 較 划 算 ？ 要 做 出 適 當 選 擇 很 困 難 ？

假設影碟出租店有以下幾種方案。

① A 方案是每週可租 7 部片，B 方案則可租 9 部片。
② A 方案是一年可租 364 部片，B 方案則可租 468 部片。
假設月費是 A 方案 1500 日圓、B 方案 1700 日圓，請問你會選
擇哪一種？

條件①與條件②，只是用相同比率換算每週或一年的數字，各單位期間
可借的數量都是一樣的。故可以說兩者是一樣的方案。

但是，進行這項測驗後發現，受測者覺得條件②的 B 方案更划算，於
是容易選擇 B 方案。

同樣的，假設這裡有中獎機率 1/10 的彩券與中獎機率 95/1000 的彩

券。實際上，機率是後者的彩券比較低，但選擇後者的人卻比較多。照理說前者的機率比較高，但順從直覺印象選擇後者的人意外地多。由此可見，人往往會去注意分子的大小，而非實際的比率。

像這種**不看客觀的機率，而是著眼於絕對數字的大小來做判斷的傾向**，稱為**比率偏誤**。

巧克力豆餅乾的實驗

有人利用小孩子的行動進行一場有關比率偏誤的實驗。

實驗者找來喜歡巧克力豆餅乾的小孩子，進行「抽餅乾」的實驗。該實驗準備了放入 1 片巧克力豆餅乾與 19 片燕麥餅乾的罐子，以及放入 10 片巧克力豆餅乾與 190 片燕麥餅乾的罐子，然後請小孩子抽餅乾。不過，2 個罐子都動了點手腳，讓小孩子能夠抽中愛吃的巧克力豆餅乾。

接著請受測者在一旁觀看這個過程，然後詢問他們是否認為小孩子作弊偷看罐子裡面。結果，很多人都認為總計 20 片餅乾的罐子，比總計 200 片餅乾的罐子可疑（Bourdin & Vetschera, 2018）。

也就是說，抽中巧克力豆餅乾的機率分明一樣，受測者卻覺得餅乾數量少的前者機率應該比較低。

哪一邊的小孩子作弊 !?

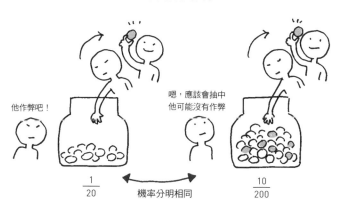

他作弊吧！　　　　嗯，應該會抽中　　　　　　他可能沒有作弊

$\dfrac{1}{20}$　　　機率分明相同　　　$\dfrac{10}{200}$

從行為經濟學

從統計學

從資訊科學

疾病的死亡率與比率偏誤

請你憑直覺回答以下問題。

> 「每 100 人就有 24.14 人死亡的疾病」與「每 1 萬人就有 1286 人死亡的疾病」，何者的風險比較高？

先從結論來說，前者死亡率為 24.14％，後者死亡率為 12.86％，故後者的風險比較低。然而，實驗結果卻是多數人覺得後者更危險（由於前面已解說比率偏誤，可能有不少讀者會選擇前者）。由此可見，**比率偏誤對風險判斷有很強的影響**（Yamagishi, 1997）。

總而言之，**想讓人更加意識到風險、想讓彩券看起來很吸引人等時候，最好用絕對數字來標示**。即便是客觀且相同的資訊，若用不同的表現方式來說明就會使人改變決策，故這也可算是一種框架效應。

反過來說，**當我們看到絕對數字時，必須留意自己是否過度在意風險**。

例如，看到新聞報導有人因某疫苗的副作用而留下後遺症，或是接種後死亡的案例時，有些人或許會決定不打疫苗。但是，希望各位要注意比率，而不是實際件數。先了解跟其他疫苗相比風險有多高、跟不接種的情況相比風險有多高，然後再做判斷才是最好的做法吧。

容易受到比率偏誤影響的條件

機率愈低時，人愈容易受到比率偏誤的影響。

另外，有報告指出，女性通常比男性更容易受到比率偏誤的影響（參考的論文並未提及原因）。

此外有意思的是，跟第三人效應（→第 198 頁）等偏誤一樣，**如果是推測他人的行動，而非自己的行動，比率偏誤的效果會變得相當強**。因為大部分的人都覺得自己比他人理性，才會認為他人是在更強的比率偏誤影響下做判斷（Bourdin & Vetschera, 2018）。

參考文獻

David Bourdin and Rudolf Vetschera, "Factors Influencing the Ratio Bias", EURO Journal on Decision Processes: 6, 321-342, 2018.

Katherine Burson et al., " Six of One, Half Dozen of the Other: Expanding and Contracting Numerical Dimensions Produces Preference Reversals", Psychological Science: 20, 1074-1078, 2009.

Lee Kirkpatrick and Seymour Epstein, "Cognitive-Experiential Self-Theory and Subjective Probability: Further Evidence for Two Conceptual Systems", Journal of Personality and Social Psychology: 63, 534-544, 1992.

Kimihiko Yamagishi, "When a 12.86% Mortality is More Dangerous Than 24.14%: Implications for Risk Communication", Applied Cognitive Psychology: 11, 495-506, 1997.

高橋昌一郎《感性の限界》講談社（講談社現代新書），2012年。

這個世上不起眼的人比惹眼的人還多。

凸顯性偏誤

Salience

意 思	將焦點放在醒目的項目或資訊上，忽視不會引起注意的東西。

| 關 聯 | 可得性捷思法（→第178頁） |

你 的 獨 特 性 是 什 麼 ？

無論求職、甄選入學或是找結婚對象，對方都會問你這個人有什麼特別之處。因此，應該有不少人一直在努力建立自己的個人品牌。因為他們認為，自己必須要有學生時代投注心力的事、工作上特別的經驗、能虜獲異性芳心的獨特魅力。

這種文化，根源於人類具有的容易被吸引注意力的**凸顯性**（salience）心理。凸顯性是指獨特、突出、顯著的特徵。此心理則源自於「大腦要做判斷時偏好壓力最少的選項，故會把注意力放在簡單易懂又醒目的東西上」的特性。

舉例來說，像龍捲風或被他人殺害這類能夠明確想像的死因，我們會覺得自己遇到的機率同樣很高，至於氣喘之類一般人較難以明確想像的死因，即使其發生頻率相當高（在美國，因氣喘而身亡的機率是死於龍捲風的 20 倍左右）通常也會被低估。

某個實驗請觀察者圍坐成一個圓，並安排 2 名演員分別坐在圓的兩端，要他們與周圍的觀察者對話。由於座位這樣安排，絕大多數的觀察者只能看到其中一位演員的臉。

結果發現，較能看清楚臉孔的那位演員，其對話內容觀察者會記得更清楚。就像這個例子一樣，**人有著愈是醒目的對象愈容易認知**的傾向。

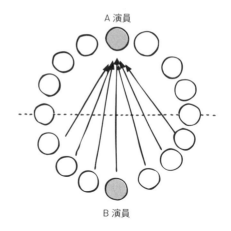

坐在對面的人可以看清楚 A 演員，
故容易記得對話內容

▎凸顯性偏誤的 2 個問題點

接著來談談凸顯性偏誤的 2 個問題點。

第 1 個問題點是**評價醒目的事物時，人很難正確地分析該事物的因素**。

舉例來說，假設健康檢查的診斷結果是「膽固醇數值高」。如果是自己，就容易怪罪於可能引起這個問題的遺傳因素或環境因素，而非自己的生活習慣。不過，如果是得知遠方的熟人有同樣的健康問題，就容易擺出更加批判的態度，認為是當事人的生活習慣不良所致。

再舉個例子，假設熟人完成了某件大事，受到讚賞。假如自己的環境沒有熟人好，這時就容易歸因於對方享有特權。反之，如果自己的背景跟熟人一樣，則會更加肯定這個人朝目標付出的努力。

這種將他人的行為歸因於內在因素、將自己的行為歸因於外在因素的傾向，稱為**行為者－觀察者偏誤**（actor-observer bias），這可算是一種凸顯性偏誤引起的現象。

第 2 個問題點是，**在凸顯性偏誤的影響下，看漏了其他重要的特徵**。

例如，徵才者急著看履歷表時，有可能只注意畢業的大學或待過知名企業的經驗等條件來決定是否錄取，這時就有可能錯過其他擁有不錯的經驗或

技術的人才。不過，多數人也都期待凸顯性偏誤帶來這種影響，所以才會想擠進知名大學或知名企業。

醒目的事物其實是隱藏的事物或扭曲的事物

醒目的事物容易引起注意、留下記憶，故對社會的影響也很大。因此，社會的負面事物也容易顯在化。

例如，自從紐約發生九一一恐怖攻擊事件後，不搭飛機改走陸路的人就變多了。其實以機率來說搭車比較危險，但民眾害怕碰上恐怖分子劫機。結果，當年的車禍案件增加了約 1000 件（Gingerenzer, 2004）。

另外，在環境保護或緩解氣候變遷的措施上，凸顯性偏誤也有可能成為決定性的障礙。三一一大地震（日本稱東日本大地震）所引發的福島核電廠事故震驚全球，有好一陣子日本的輿論都不贊成重新啟動核電廠。雖然事故風險確實很大，但不可否認的是在凸顯性偏誤的影響下，日本的氣候變遷緩解行動落後於其他國家。

在政治上，醒目的政策引人注意，因此其他不起眼但很重要的政策有時無法獲得支持。

無法不瞄準蒼蠅的男性心理

前面都聚焦在凸顯性偏誤的負面影響上，不過我們也可以反過來有效運用這種特性。

阿姆斯特丹史基浦機場（Amsterdam Airport Schiphol）的廁所，即使派清潔員一天巡視好幾次，男廁的小便斗仍舊被用得髒兮兮的，讓他們大傷腦筋。後來機場運用凸顯性偏誤，以簡單的方法成功解決了這個問題。那個方法就是在小便斗

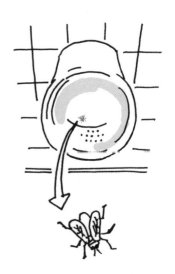

阿姆斯特丹史基浦機場的男廁小便斗示意圖。給人不乾淨印象的蒼蠅，是讓男性忍不住瞄準的絕佳目標。

裡畫上蒼蠅。據說跟之前相比，噴濺到小便斗外的尿液減少了 80%（Evans, 2013）。

像這種嘗試利用凸顯性偏誤進行自我管理的系統，現在正受到矚目（Tiefenbeck, 2018）。

理財記帳 App：將家計簿集中在一處，可藉由接收通知、清楚記錄支出與儲蓄，讓人留意自己的財務狀況。

淋浴用水量顯示器：淋浴時顯示用了多少水，有助於管理用水量。

標示熱量：可成功控制消耗的熱量。

參考文獻

Blake Evans-Pritchard, "Aiming to Reduce Cleaning Costs", Works That Work, No.1, 2013.
Gerd Gigerenzer, "Dread Risk, September 11, and Fatal Traffic Accidents", Psychological Science: 15, 286-287, 2004.
Verena Tiefenbeck et al., "Overcoming Salience Bias: How Real-Time Feedback Fosters Resource Conservation", Management Science: 64, 1458-1476, 2018.

記憶的方式決定了自己能否長期記得。

15

處理層次效應
Levels of Processing Effect

意 思	透過有意義的連結,讓人更深入理解資訊並且容易記下來。

關 聯	凸顯性偏誤(→第230頁)

為了考試而死記硬背,無論是誰都覺得痛苦

我們在學校學習時雖然死記硬背了各式各樣的知識,但考試結束之後,過了幾年工作上有需要時卻什麼都不記得了,這種經驗相信無論是誰都有過吧。

每到考試前我們就會採取填鴨式學習,努力死背大量的資訊。但是研究發現,這種做法雖然有助於短期記憶,卻很難轉化為長期知識。當初那麼努力記下來,要是有朝一日會忘記可就白費功夫了。該怎麼辦才好呢?這時能夠幫助我們的就是**處理層次效應**(Craik & Lockhart, 1972)。

處理層次效應指出,**如何理解資訊,會影響我們對該資訊的記憶程度**。透過有意義的連結深入理解資訊,能使我們更容易留下記憶。

大腦裡的長期記憶與短期記憶概念圖

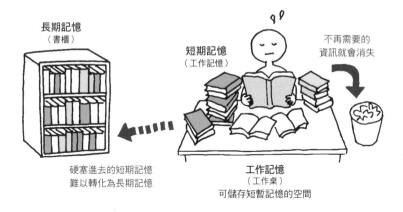

長期記憶
（書櫃）

短期記憶
（工作記憶）

不再需要的
資訊就會消失

硬塞進去的短期記憶
難以轉化為長期記憶

工作記憶
（工作桌）
可儲存短暫記憶的空間

從行為經濟學

從統計學

從資訊科學

搞不懂的東西連記都記不起來

過去大家應該都有過，努力硬記困難、搞不懂的東西這種經驗吧。

例如為了數學考試，死記硬背公式與式子的展開。說不定還有人看到周遭的同學都用困難的教科書在學習，自己也著急地用超出自身程度的書來學習。但是，以處理層次效應的觀點來看，這種學習法明明花費了龐大的精力還很辛苦，但基本上考完試之後就會全部忘光。而且背下來的東西也很難加以應用，實在是很浪費時間與力氣的方法。

那麼，該怎麼做才好呢？我們要期待處理層次效應，將資訊與其他想法或知識連結起來，藉由這種方式理解資訊的意思。

我們需要了解，目前學習的東西有什麼應用範例？可在什麼地方發揮用途？在歷史上具有何種意義？這一連串式子的展開有什麼目的？概要是什麼？

如果處於「不知道自己哪裡不懂」這種絕望的狀態，建議不妨拋開自尊心，先看簡單、好懂的書或影片，或是去上風評不錯的補習班老師的課。先了解概念與概要之後，再前進到下一步。

幫助自己記得更清楚的聯想記憶法

背誦英文單字、生物名稱、歷史人物或年代時，運用諧音或語源來聯想，也能幫助自己形成長期記憶。

另外，據說將資訊與情感連結在一起會更容易記住。因此，觀看以歷史或科學等學問為題材的漫畫或戲劇，同樣有助於形成長期記憶。

不光是念書，有時我們也會不小心忘記天天增加的熟人名字吧。這種情況也一樣，如果只是單純默念名字，總有一天還是會忘記。如果把對方的名字，跟這個人的嗜好、見面時的感覺連結起來，就能更深入地認知、更容易想起來。用自己的話向他人重述一次資訊也是不錯的記憶方法。

此外，像下圖這樣將想記住的東西轉成圖像，透過視覺來認知也是很推薦的方法。

英文的生物分類階層記法

Dear King Phillip Came Over For Great Spaghetti
（親愛的腓力國王前來吃美味的義大利麵）

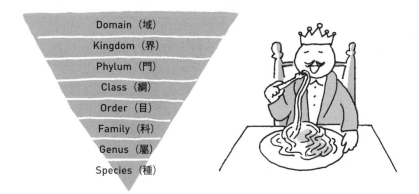

| Domain（域） |
| Kingdom（界） |
| Phylum（門） |
| Class（綱） |
| Order（目） |
| Family（科） |
| Genus（屬） |
| Species（種） |

▋記 憶 力 的 巔 峰 是 在 年 輕 時 期 ？

你是否聽過這樣的說法：如果不趁年輕時記住各種知識，上了年紀後就會愈來愈記不住喔！

但是，近年的研究卻有許多報告推翻這種流言。如同前述，**只要透過有意義的連結不斷累積理解的事物，就算是全新的資訊，也不難掌握在隨著年紀增長而建構出來的資訊網中**。換言之，只要透過這種方式建立聯想的連鎖，要理解與記憶就不難了。縱使大腦不再年輕、單純的背誦力衰退了，只要運用聯想依然可以維持記憶力。

另外，**就算已經 60 幾歲，記憶力與思考力仍跟 20 幾歲一樣的「超級老人（SuperAgers）」**在近幾年受到矚目（Gefen et al., 2014）。一般而言大腦會隨著年紀逐漸萎縮，但超級老人的大腦並未萎縮，神經細胞網絡也跟 20 幾歲的年輕人差不多。能否成為超級老人與各種因素有關，故這個問題有待今後的研究結果來解答。還有一件可怕的事，有報告指出，愈是相信上了年紀後記憶力就會衰退的人，其記憶衰退的程度愈是嚴重。

只要持續累積有意義的連結，就能隨著年紀增長而對世界有更深的了解，聯想能力也會愈來愈好，想到這裡是不是很興奮呢？只要能帶著喜悅的心情，在隨著年紀增長而愈來愈廣闊的世界中不斷學習，說不定你也可以成為超級老人喔！

參考文獻

Fergus Craik and Robert Lockhart, "Levels of Processing: A Framework for Memory Research", Journal of Verbal Learning and Verbal Behavior: 11, 671-684, 1972.

Tamar Gefen et al., "Longitudinal Neuropsychological Performance of Cognitive SuperAgers", Journal of the American Geriatrics Society: 62, 1598-1600, 2014.

鈴木祐《不老長寿メソッド：死ぬまで若いは武器になる》Kanki出版，2021年。〔繁體中文版：李瓔祺譯《不生病的生活真好：寫給你的健康長壽寶典》神吉出版。〕

會扭曲問卷結果、發生在調查者與作答者身上的各種因素。

16

反應偏誤
Response Bias

意　思	影響問卷結果的各種條件或因素。
關　聯	自我選擇偏誤（→第124頁）、觀察者效應（→第250頁）

國中生看的雜誌所做的戀愛經驗問卷調查

　　國高中時代閱讀時尚雜誌時，各位應該有看過交第 1 任男友或女友的年紀、初吻的年紀這類問卷調查結果吧。應該也有人在看到調查結果是平均 14 歲，以及「15 歲也太晚了吧」之類的驚人意見後心裡很著急，覺得不快點交到男友或女友、跟對方發生關係就太遜了。

　　但是，這種問卷調查結果值得信賴嗎？這項調查的確是針對有交往對象的雜誌讀者進行統計，但必須注意的是，這並不是全體國高中生的統計資料。

　　這項問卷調查的作答者，是這本雜誌的讀者當中，已經交過男女朋友的國高中生，因此結果當然嚴重偏離「普通國高中生的實際情形」。就像這個例子一樣，**會影響問卷作答的各種條件**稱為**反應偏誤**，而絕大多數的問卷調查可以說都含有某種反應偏誤。其中有刻意的也有偶發的，故問卷調查結果需要仔細看過條件後再來討論。

以下就來看看各種與反應偏誤有關的偏誤吧。

自我選擇偏誤

前述關於戀愛的問卷調查作答者，是對談戀愛有興趣或積極性高、願意積極參與雜誌問卷調查的國高中生。像這種**在募集調查協助者的階段，作答者類型出現偏誤的狀況**，稱為自我選擇偏誤。

同樣的，在尋找政治、經濟、科學或戀愛等各種調查的作答者時，原本就關心這些領域的人願意協助作答的機率當然比較高吧。這種時候，對於「你關心科學嗎？」這個問題，回答「關心」的人比率就會拉高，於是便會得出受到自我選擇偏誤影響的結果。

無反應偏誤

在問卷調查中，**作答者與不作答者的經驗或屬性差異太大時發生的偏誤**，稱為**無反應偏誤**（non-response bias）。

舉例來說，在支持某政黨或特定思想的組織所進行的問卷調查中，思想與該組織對立的人通常無反應率偏高，因此問卷結果就會偏向有利於該組織的結果。

不過，公家機關或大型大眾媒體實施的調查，反應率通常都很高。如果反應率太低，這個結果就不能說是代表整體的輿論。

極端反應偏誤

極端反應偏誤是指，**作答者本身並無極端的意見，卻做出極端回答的特性**。

像滿意度之類的調查最常見到這種偏誤。

舉例來說，當調查者要求作答者幫經驗、服務品質、產品等打分數（滿分 5 分）時，就算自己並非真的覺得好或不好，也很有可能會回答 5 分或 1 分，而不給予中庸的回答。至於原因大多出在作答者想讓調查者開心，或是題目本身有問題。

例如「本公司的顧客滿意度是 5 顆星，請問您同意嗎？」這種題目，就容易引導出極端的回答。

中庸反應偏誤

中庸反應偏誤則與極端反應偏誤相反，是**作答者面對問卷裡列出的所有題目，都給予中庸回答的偏誤**。據說這是**日本、中國、韓國等東亞人常見的特性**。

有研究者指出，日本人的這種特性，反映了避免擁有極端的意見、想要迎合團體的民族性（田崎，2018）。

出現中庸反應的原因，還有作答者對問卷調查沒興趣、不認真作答等等。這種時候，作答者往往會盡可能快速地回答問題。

網路文章或影片之類的內容，常以回答問卷來代替廣告。請問你每次都會認真作答嗎？

實施問卷調查之前，先了解問卷性質與對象性質是很重要的。

如何防範反應偏誤的影響？

反應偏誤還有其他各種的反應類型，有興趣的人請看參考文獻。

問卷調查有時是企業為了宣傳自家產品或服務，或者是為了佐證政治主張而特意實施。此時若受到反應偏誤的影響，這份資料就沒辦法說是正確的吧。

察看問卷調查結果時，最好要檢視是由何種組織實施，以及問卷題目、調查手法、調查對象，確認這項調查的可信度。如果是公正的調查，一定會提供這些資訊。

自我選擇偏誤

在募集調查協助者的階段，
作答者的屬性出現偏誤

調查對象的年齡比率

- 10 ～ 29 歲 11%
- 70 歲以上 17%
- 30 ～ 49 歲 14%
- 50 ～ 69 歲 58%

無反應偏誤

作答者與不作答者的經驗或
屬性差異太大時發生

請幫我們填一下
有關女性社會地位
提升的問卷。

不理會……

極端反應偏誤

作答者本身並無極端的意見，
卻做出極端的回答

世界盃足球賽就要
開打了，請問你
對日本國家足球隊
有興趣嗎？

☑ 有興趣
□ 沒興趣

這樣啊，就要
開打了啊……

中庸反應偏誤

作答者面對所有題目，
都給予中庸的回答

請問你對於
自己的容貌
有自信嗎？

□ 有自信
□ 有點自信
☑ 普通
□ 沒什麼自信
□ 完全沒自信

嗯，一般般
吧……？

從行為經濟學

從統計學

從資訊科學

參考文獻

学研教育総合研究所《中学生白書Web版》2017年。
田崎勝也、申知元〈日本人の回答バイアス〉心理学研究：88, 32-42, 2018年。
谷口将紀〈インターネット調査におけるバイアス国勢調査・面接調査を利用した比較検討〉
NIRA総合研究開発機構研究報告書，2022年。

數學式愈複雜不明，愈會讓人覺得「厲害」的心理。

17

無意義
數學式效應
Nonsense Math Effect

意　思	即使這個數學式沒有意義，放進文章裡仍能讓人感到權威性。

關　聯	

擅長使用數學式的人看起來很厲害？

各位應該都曾看過漫畫或電影裡，天才科學家在黑板上潦草地寫下式子，然後大喊著「原來如此……原來是這樣……我懂了！」之類的場景吧？

這種場景會讓人忍不住覺得，那個式子埋藏著不得了的資訊，能夠幫助思考回路超乎常人想像的天才，獲得無法用言語表達的理解或發現。不過，如果你是這種會覺得「好酷喔！」的人就要當心了。或許用不著多說大家也都曉得，出現

在這種戲劇場景的式子，絕大多數是從教科書上隨便抄來的。

數 學 在 社 會 上 的 定 位

絕大多數的人會認真學習數學的時間，只到國中或高中為止。除非大學念的是數學系，否則之後不是把數學當作輔助工具，就是完全不用數學吧。能夠不害怕、不排斥數學與理解數學的人應該不多。

可是，有些人卻利用了「數學不是大家都懂的東西」這一點。

純粹數學的領域，不允許出現意思不清楚的文章或數學式。但是，其他的學問領域卻未必如此。

數學物理學家艾倫·索卡爾（Alan Sokal），曾故意寫了一篇內容模糊不清毫無意義的論文，投稿到知名的研究雜誌，結果真的被編輯採用而引起關注**（索卡爾事件）**（高橋，2010）。

這項事實證明了，就連研究發表經驗豐富的讀者，也有可能不去理解那是什麼式子，看過就算了。由此可知，研究品質的判斷，會受到作者的名聲或作者所屬的機構等跟研究本身無關的因素影響。

無 意 義 數 學 式 效 應

有項研究調查了數學或數學式是如何影響人的認知。

研究者找來各種領域有過研究經驗的人，提供刊登在傑出學術雜誌上的2篇摘要（論文的概要），要求他們判斷摘要介紹的研究之品質。此外，研究者事先從這2篇摘要當中，隨機選一篇引用完全無關的論文，並加入沒有意義的方程式。

那麼這2篇摘要當中，哪一篇會被認為品質比較高呢？結果，受測者認為品質比較好的是，含有本來應該會降低研究品質的無意義數學式的那篇摘要。

這種偏誤不會發生在擁有數學學位或科技領域學位的人身上，但在其他人身上卻很常見。像這種**對數學不熟悉，無法針對無意義數學式給予批判性評價的狀況**，稱為**無意義數學式效應**（Eriksson, 2012）。

另外還有一個類似的例子是，調查當某個專業知識混入不相關領域的文章時帶給讀者的影響。該研究調查的是，在說明心理學現象的文章中，加入完全無關的神經科學資訊時所產生的影響。

研究的結果發現，沒有專業知識的人認為，含有不相關資訊的說明文章比較出色。反觀神經科學的專家，看到內容含有不相關的神經科學資訊時，他們對該說明文章的滿意度則不變，或是給予較低的評價（Weisberg et al., 2008）。

從以上結果來看，非專家的一般人，或許對數學與神經科學有著過度的敬畏之心。

目前已知，**人對於自己不了解的事物（無論何種領域）總是會感到佩服**，這樣的傾向稱為**大師效應**（guru effect）。這種心理有時也會被運用在向他人炫耀、黑心買賣、假新聞、政治或政策上。另外，過度認為外國的文化或其他事物很優秀的傾向也類似這種心理（Sperber, 2010）。

「好了啦，你說不贏我！」是這麼來的

鄧寧－克魯格效應（Dunning-Kruger effect）則是一種，能力愈差的人愈有毫無根據的自信，以為自己什麼都懂的傾向。

在網路之類的地方經常可以見到，無知者滔滔不絕地說著一知半解的專業術語，覺得自己辯倒了謙虛者的情況。這可說是**容易受到大師效應影響的謙虛階層，與容易受到鄧寧－克魯格效應影響的無知階層碰在一起時所形成的對立結構**。此時具有發言力的是，只有聲音比別人大的無知者。

雖然數學式在數學家或物理學家之間偶有意見分歧的時候，不過基本上這是用來仔細描述現象的語言。

但是，我們有時也會被它的困難程度給擊倒吧。

數學不是一朝一夕就能學會的學問。不過，當自己看不懂時，更應該要避免過度覺得神祕。當然，輕易認為自己看得懂也不好就是了……。

大師效應與鄧寧－克魯格效應的失敗對話

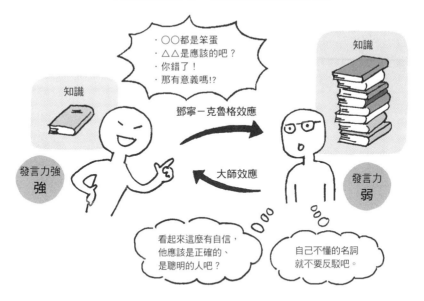

參考文獻

Kimmo Eriksson, "The nonsense math effect", Judgment and Decision Making: 7, 746-749, 2012.

Alan Sokal, "Transgressing the Boundaries: Towards a Transformative Hermeneutics of Quantum Gravity", Social Text: 46/47, 217-252, 1996.

Dan Sperber, "The Guru effect", Review of Philosophy and Psychology: 1, 583-592, 2010.

Deena Weisberg et al., "The Seductive Allure of Neuroscience Explanations", Journal of Cognitive Neuroscience: 20, 470-477, 2008.

高橋昌一郎《知性の限界》講談社（講談社現代新書），2010年。

在量子力學上至今仍令研究者煩惱的未解決問題。

18

測量效應
Measurement Effect

意　思	觀察行為影響了現象。

關　聯	

就連要測量溫度都出乎意料地困難

　　溫度是非常貼近我們的物理量。體溫計或氣溫計都是常用的工具，大家應該也常在電視上看到紅外線熱像儀的測量影像吧。感覺上只要用感測器碰一下，就能夠輕鬆地測量溫度。

　　但是，要測量物體某個部分的溫度，而且要準確到連 0.1 度的誤差都沒有，卻出乎意料地困難。

　　把體溫計夾在腋下後，之所以還需要等一段時間，就是因為體溫計內的溫度感測器本身有原本的熱量。如果是在冬天，體溫計的溫度會比體溫低，因此必須等熱移動，直到體溫計與體溫的溫度一樣為止。

　　更加麻煩的情況是，想在小範圍內測量劇烈的溫度變化現象。

　　舉例來說，假設我們想要測量引擎內部的溫度。要製造效率良好的引擎，這個步驟很重要。可能有人會以為，這時只要把溫度感測器放到引擎裡面就好，但引擎內部溫度的驟升與驟降是在極短的時間內發生，因此溫度感

測器無法完全跟上這個溫度變化。

溫度感測器本身具有體積與質量，因此要等它變熱或變冷無論如何都會產生時間上的落差，故感測器的存在會改變現象。也就是說，要測量出完全無誤差的正確溫度，幾乎是不可能的事。像這種**因測量而使現象改變的情況**，稱為**測量效應**。

不只溫度，所有的測量都會發生測量效應，因此要取得正確的資料需要充分留意這一點。

電腦的測量效應

電腦也會發生可稱為測量效應的現象。

例如，當電腦正在執行某個處理程序時，如果要電腦顯示此處理程序的進度，或者是儲存紀錄，這個觀察行為會影響處理程序本身，導致執行速度變慢。

另外，在程式執行之際察看處理的檔案，有時也會發生輸出入錯誤繼而導致處理停止。

電腦跑得很慢，
是什麼原因造成的!?

察看電腦的負荷狀況這一行為本身就會造成負荷
||
測量效應

光到底是波動，還是粒子？

光究竟是什麼呢？如果以很小的尺度去觀察，光能夠像水一樣辨識出分子的顆粒嗎？長久以來，許多科學家都思考、爭論過這個問題。

目前已知，比電子及分子的顆粒還小的物體或光子，具有非常奇妙、超越人類想像力的性質。光既是粒子，同時也是波動，而這即是一種量子力學行為。

雙縫實驗是能夠觀察到這種神奇性質的簡單實驗。先準備光源、刻有 2 道縫隙的不透明板以及探測屏，接著讓光通過板子上的 2 道縫隙，然後觀察映照在探測屏上的光。結果，這個實驗讓科學家們見到如下述及右圖那樣的神奇現象。同時具備波動性與粒子性這 2 種相反性質的光，至今仍令科學家們困惑不已。

- ●當光通過板子上的 2 道縫隙時，探測屏上出現了干涉條紋。因此可以認爲，光是一種波動。
- ●但是，愛因斯坦發現光具有粒子性，故接著以光子（光的顆粒）槍對著板子發射一顆顆的光子，結果跟用光照射板子時一樣出現干涉條紋。明明一次只發射 1 顆光子，不知道爲什麼仍會產生干涉條紋。
- ●神奇的是，若觀察通過 2 道縫隙的光子，就不會出現干涉條紋。

量子會根據我們是否進行觀察而改變行爲。這正是量子力學上至今仍令人們困惑的測量效應。

原來在如此簡單的現象背後，存在著這樣神祕的未解決問題。

雙縫實驗的神奇現象

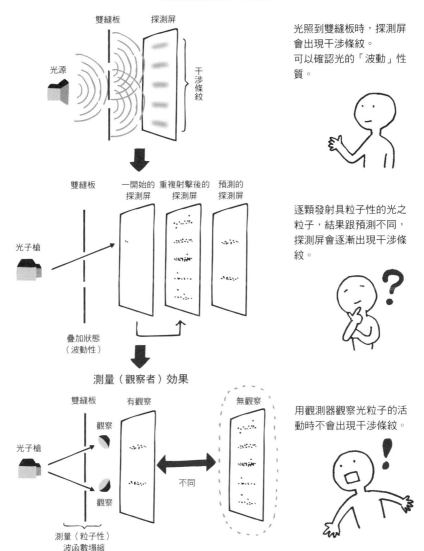

光照到雙縫板時,探測屏
會出現干涉條紋。
可以確認光的「波動」性
質。

逐顆發射具粒子性的光之
粒子,結果跟預測不同,
探測屏會逐漸出現干涉條
紋。

用觀測器觀察光粒子的活
動時不會出現干涉條紋。

參考文獻

Anil Ananthaswamy, "Through Two Doors at Once: The Elegant Experiment that Captures
the Enigma of our Quantum Reality", Duckworth, 2020.
高橋昌一郎《理性の限界》講談社(講談社現代新書),2008年。

想觀察某個現象的強烈欲望，會把對象
變成另一種樣子。

觀察者效應
Observer Effect

意 思	觀察行為影響了人的行為。

關 聯	測量效應（→第246頁）

教 學 觀 摩 日 當 天 的 老 師 跟 平 常 的 老 師 不 一 樣 嗎 ？

就讀小學時，每到教學觀摩日那一天，老師是不是都會打扮得比平常好看，而且面帶笑容、精神抖擻地上課呢？像這種**在被他人觀察的狀況下，人的心理或行動會產生變化的現象**，稱為**觀察者效應**。

社會實驗之類的場合也有可能發生同樣的情況，這種時候結果並不會反映事實，因此實驗算是失敗。

霍 桑 效 應 與 微 觀 管 理

曾有學者為了找出提升勞工生產力的條件，在美國伊利諾州的霍桑工廠進行實驗。當時其中一項實驗，是調查各種照明亮度與勞工生產力之間的關係。結果發現，無論在何種亮度下勞工的生產力一樣會提高。無論是降低照明亮度，還是減少休息時間或薪水，勞工生產力依然會上升（Bloombaum, 1983）。

霍桑效應

請讓我稍微觀摩一下

既然他在看我們得要表現好一點……

生產力

微觀管理

他們應該沒偷懶吧！

老闆

生產力

相信你已經知道這是為什麼了吧。這是因為勞工被實驗調查員盯著，才會認真地工作。就像這個例子一樣，人在受到注目時通常會努力回應對方的期待。

此外實驗也發現，對員工的工作熱情與工作滿意度影響甚大的，不是薪資與勞動時間，而是職場人際關係帶給他們的感受。因為當別人看著自己時，人會想要回應對方的期待，讓對方看到自己好的一面。

至於**嚴格監視、管理員工的做法**稱為**微觀管理**（micromanagement），這會降低員工的士氣與生產力，故被視為問題。如果不是要激勵員工，而是為了消解管理者的不安才進行管理或監視，就無法獲得**霍桑效應**（Hawthorne effect），反而會變成微觀管理。

近年提出的**「心理安全感（psychological safety）」**，是指勞工不用擔心人際關係惡化、能夠安心的狀態。Google 還發表了一項研究結果，指出**生產力高的組織，其心理安全感也很高**（Edmondson, 2018）。

霍桑效應的運用

各位是否有過這樣的經驗：比起一個人念書，在圖書館或咖啡廳更能專

心。這也算是一種霍桑效應。有別人在旁邊時會提高生產力是人的普遍性質，希望各位要積極地運用。

迪士尼樂園與星巴克等企業，其計時員工的高水準待客服務一直以來都受到矚目。像星巴克的薪資明顯不高，卻能穩定地提供高水準的待客服務，並且持續成長而不是曇花一現。這是因為這些企業，**建立了有效運用霍桑效應的教育系統**。

舉例來說，星巴克鼓勵員工互相發掘優點、互相稱讚，還為此準備了感謝小卡，而感謝小卡累積到一定的數量就能接受正式的表揚。在良好的人際關係中仔細地互相觀察，有助於提高工作的生產力（草地，2017）。

學校或公司因為規模大，個人的存在遭到埋沒的情況並不少見。觀察者效應是在暗示，「你的貢獻很重要」這項訊息能孕育出卓越的環境。這是選擇工作時或育兒時也要考慮的事實。

對於抑制犯罪也有效果

另外，觀察者效應也能用來抑制不良行為。1980 年代中期，紐約地鐵經常發生犯罪事件，因而成了全美最危險的大眾運輸工具之一。

交通局向犯罪學家請益後，決定採取不對付暴力與強盜等犯罪，而是徹底追究搞破壞與逃票等行為的方針。交通局是要藉由逮捕、起訴輕犯罪者，將「地鐵受到監視」的訊息傳遞給所有的犯罪者。結果，紐約地鐵的凶惡犯罪短短幾年就大幅減少了。

問卷調查與觀察者效應

前面介紹過，科學測量上的觀察者效應，是指觀察行為會使現象產生變化，其實社會實驗與調查等也同樣要留意這個問題。

舉例來說，假設我們找 100 人進行問卷調查，詢問他們是否抽菸。如果 20 人回答「有抽」，80 人回答「沒抽」，那麼作答者當中出現抽菸者的機率是 20％。作答者應該都正確意識到自己是抽菸者，所以這是可以信賴的結果。

假設我們問同一批人是否贊成使用核能，結果有 30 人表示贊成。這時我們可以說，這 30%的機率是反映了輿論嗎？我們必須留意這個結果，因為大多數的作答者，事前未必對核能問題有明確的意見。

　　光既是粒子也是波動，它會隨著觀察方式變成其中一種形態。社會大眾的意見也是一樣，若是要求作答者回答他本來並無明確想法的問題，就會形成表面上的意見。

　　也就是說，**在觀察之前只不過是潛在性質的東西，會因為觀察而以扭曲的形態顯現出來**。因此，大部分的問卷都會準備「都可以」、「不知道」等選項。二選一的問卷，有意圖取得特定結果之可能，因此要注意調查結果未必反映現實。

　　世界很複雜，再怎麼努力地正確進行實驗，仍無法摒棄模糊不清的要素。因此想要觀察某個現象的欲望太強時，人就會去相信個人想相信的事物，或是去觀察實際上不存在的事物，希望大家別忘了這一點。

從統計學

從資訊科學

參考文獻

Milton Bloombaum, "The Hawthorne Experiments: A Critique and Reanalysis", Sociological Perspectives: 26, 71-88, 1983.
草地真《なぜスターバックスは日本で成功できたのか？》Pal出版，2017年。
Amy Edmondson, "The Fearless Organization: Creating Psychological Safety in the Workplace for Learning, Innovation, and Growth", Wiley, 2018.〔繁體中文版：艾美・艾德蒙森（朱靜女譯）《心理安全感的力量：別讓沉默扼殺了你和團隊的未來！》天下雜誌。〕

資訊科學
偏誤

20

從哲學角度來看，人終究無法處於無偏
誤的狀態。

素 樸 實 在 論
Naïve Realism

意　思	認為世界就如自己眼睛所見的思想。
關　聯	

世界真的存在於那裡嗎？

假設看電視時，東京鐵塔就出現在畫面上。

請問東京鐵塔存在於畫面上嗎？大家應該都知道，東京鐵塔實際上存在
於東京都港區，而不是螢幕裡頭。那麼，出現在電視畫面中的東京鐵塔究竟
是什麼呢？

你或許會笑說，那不過是畫面播放的影像。不過，此刻看到的世界也可
說是一樣的狀況。此刻看到的世界與自己的位置關係，是不是就跟我們透過
螢幕看著實際存在於另一處的東京鐵塔一樣，可能存在於時間上或空間上有
段距離的地方呢？

我們感知到的影像，未必與現實的空間一致。誤把掉在地上的垃圾看成
硬幣就是一個例子。

這種**認為感知到的影像與實際存在的世界之間有差距的哲學概念**，稱為
二元論。

各位或許一時無法理解這是什麼概念，用類比方式來說明的話，這就像是夢中的自己與作夢的自己。作夢的那個真正的自己，就躺在床上睡覺。無論夢中的自己去了什麼樣的地方，都無法脫離躺在床上的自己。這麼說來，此刻清醒的自己所看到的世界，或許也跟夢是一樣的。

笛卡兒認為，惡魔可能就是像這個樣子欺騙著自己。此外，假使一切都是夢中世界發生的事，自己質疑世界這一行為本身也是不可質疑的。笛卡兒提出的「我思，故我在」，即是闡述這個結論。

如同上述，二元論認為世界是由精神與物質這 2 種元素構成。此外，重視精神的文科框架與重視物質的理科框架，可以說就是源自於這個思想。

■ 二 元 論 與 素 樸 實 在 論 的 關 係

與二元論相反，**不懷疑看見的世界，認為世界就跟眼睛看到的一樣**，這種思想稱為**素樸實在論**。素樸實在論對人類而言是最尋常的感覺，更是大多數的孩子對世界的基本認識。

科學與物理學也都是以素樸實在論為基礎來認識世界。這是現代標準的理解世界方法，認為人可透過觀測與邏輯推理抵達真理，並且有否定無法觀測之物的傾向。

這個思想支持用自然科學說明，包括精神現象在內的所有現象（用科學來說明世界的思想，稱為自然主義）。此外還認為，意識與自我之概念是大腦的幻想。

舉例來說，有位生物學家表示人類是被基因所操縱，換言之就是把肉體當成被基因操縱的載具。就連「保持自己存在」的欲望以及愛，都被視為為了增加基因而賦予肉體的機能。應該有人會覺得這種想法很空虛吧。

不過，有另一種想法認為，實存（認為人並非只是一塊肉，擁有自我的個人確實存在）才具有優先性。

過去，素樸實在論遭到支持二元論的哲學家批判。不過，科學家忍受著壓迫，偷偷地讓這個思想存留下來。因此可以說，**現代的理科研究者繼承了素樸實在論**。

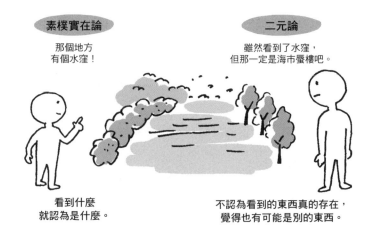

那個地方
有個水窪！

雖然看到了水窪，
但那一定是海市蜃樓吧。

看到什麼
就認為是什麼。

不認為看到的東西真的存在，
覺得也有可能是別的東西。

那麼，如果知覺代表真實存在，幻覺與錯覺又具有什麼意義呢？素樸實在論若永遠成立，那麼幻覺也同樣是實存世界的一部分。

但是，我們通常不會這麼認為吧。換句話說，**人類在能夠正確地認知到實存時是用素樸實在論的觀點來思考，至於現實與感知到的影像不同時（幻覺、錯覺）則是用二元論的觀點來思考**。

什麼是新實在論？

新實在論自 2000 年代起就一直受到討論（岡本，2016）。

假設 A 在靜岡看著富士山，我也在山梨看著富士山。以素樸實在論的觀點來說，存在於這裡的只有我看到的富士山。以二元論的觀點來說，則是認知到富士山，以及感知富士山影像的自己。

至於新實在論則認為，這裡至少存在了 3 個對象，即①富士山、② A 從靜岡看到的富士山、③自己從山梨看到的富士山。此外，看著富士山時心裡湧現的感動，也是實際存在的。

新實在論**不只承認物理存在，連過去被認為是不存在之物的心智活動、空想、幻覺也都承認存在**。

現在的主流思想自然主義，只相信觀測到的物理現象或物體。但是，如果真心相信心靈是幻覺，那麼無論是悲慘的人生，還是遭到殘忍殺害，全都

會變成沒什麼大不了的事。當然，就算是具備自然主義思想的人，也大多認為殺人或非人道行為是不被允許的，這是因為人並不完全認為心靈是幻覺，而是以數種標準來看待世界吧。

關於人最終該如何看待世界這個問題，長久以來都有許多哲學家不斷爭論。但是，這個問題沒有正確答案，人會視狀況選擇想法並採取行動。因此可以說，**從哲學角度來看，人終究無法處於無偏誤的狀態**。

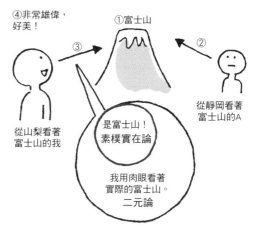

新實在論認為①～④全都「實際存在」。

參考文獻

岡本裕一朗《いま世界の哲学者が考えていること》鑽石社，2016年。〔繁體中文版：巢小燕譯《當代最新哲學應用：AI、基因科技、FinTech、貧富差距、宗教對立、環境破壞……這本書都能找到答案》時報出版。〕
高橋昌一郎《自己分析論》光文社（光文社新書），2020年。
高橋昌一郎《20世紀論爭史》光文社（光文社新書），2021年。
西垣通《AI原論：神の支配と人間の自由》講談社（講談社選書métier），2018年。
野矢茂樹《心という難問：空間・身体・意味》講談社，2016年。

索 引

本索引收錄了「監修者前言」與「正文」中的主要名詞及人名等名稱，原則上「目次」、「意思」、「關聯」、「各標題」、「各章的前導文」、「圖片」、「參考文獻」不包含在內。另外，「各節主題」則是標示該節範圍的頁數（編輯部整理）。

16 ～ 20 劃

著者　情報文化研究所（米田紘康、竹村祐亮、石井慶子）

為推廣資訊文化論及相關領域研究並促進交流，1996年成立情報文化研究會，2018年升級為情報文化研究所。成員包含新銳研究者，以及活躍於各領域的社會人士，眾人皆在這個交流園地熱烈討論與提出建言。現任所長為高橋昌一郎。

負責撰寫本書的是情報文化研究所3名研究員，3人的現職與研究主題如下。

米田紘康（第 I 章主筆）
桃山學院大學副教授，專攻行為經濟學與神經經濟學。目前的研究主題是，當人陷入不確定的狀況時會如何做出決策。此外也對將行為經濟學應用到社會、協助解決問題的巧推理論（Nudge）有興趣。

竹村祐亮（第 II 章主筆）
同志社大學特別研究員，專攻空間統計學。目前的研究主題是，鎖定某疾病造成的死亡現象發生頻率比周圍多的地區（熱點）之手法。

石井慶子（第 III 章主筆）
青山學院大學助教，專攻熱流工程學與可視化測量等。對廢熱回收法與傳熱傳質學有興趣，目標是研發永續、節能的製造技術。

監修者　高橋昌一郎

1959年生。國學院大學教授，專攻邏輯學與科學哲學。主要著作有《理性的界限》、《知性的界限》、《感性的界限》、《馮紐曼的哲學》、《歌德的哲學》（以上為講談社現代新書）、《20世紀論爭史》、《自我分析論》、《反神祕學論》（以上為光文社新書）、《愛的邏輯學》（角川新書）、《東大生的邏輯》（筑摩新書）、《小林秀雄的哲學》（朝日新書）、《哲學辯論》（NHK Books）、《馮紐曼、歌德與圖靈》（筑摩選書）、《科學哲學入門》（丸善）等。目前擔任情報文化研究所所長、Japan Skeptics副會長。（書名皆暫譯）

國家圖書館出版品預行編目(CIP)資料

戰勝思考騙局：讀懂3大學術領域×60個認知偏誤，
　破解被操縱的人生/情報文化研究所著；王美娟
　譯. -- 初版. -- 臺北市：臺灣東販股份有限公司,
　2024.01
　264面；14.8×21公分
　ISBN 978-626-379-183-1(平裝)

1.CST: 認知心理學

176.3　　　　　　　　　　　　　112020770

JOHO O TADASHIKU SENTAKU SURU TAME NO NINCHI BIAS JITEN KODOKEIZAIGAKU ·
TOKEIGAKU · JOHOGAKU HEN
written by Johobunka kenkyusho ／ supervised by Shoichiro Takahashi
Copyright © Johobunka kenkyusho, Shoichiro Takahashi, 2022
All rights reserved.
Original Japanese edition published by FOREST Publishing Co., Ltd., Tokyo.

This Complex Chinese edition is published by arrangement with FOREST Publishing Co., Ltd.,
Tokyo in care of Tuttle-Mori Agency, Inc., Tokyo.

戰勝思考騙局

讀懂3大學術領域×60個認知偏誤，
破解被操縱的人生

2024年1月1日初版第一刷發行

著　　者　情報文化研究所（米田紘康、竹村祐亮、石井慶子）
監　　修　高橋昌一郎
譯　　者　王美娟
副 主 編　劉皓如
特約美編　鄭佳容
發 行 人　若森稔雄
發 行 所　台灣東販股份有限公司
　　　　　＜地址＞台北市南京東路4段130號2F-1
　　　　　＜電話＞(02)2577-8878
　　　　　＜傳真＞(02)2577-8896
　　　　　＜網址＞http://www.tohan.com.tw
郵撥帳號　1405049-4
法律顧問　蕭雄淋律師
總 經 銷　聯合發行股份有限公司
　　　　　＜電話＞(02)2917-8022